Deutsche Sagen und Legenden

A Collection of Legends
from the German-Speaking World

Herb Kernecker
Hyde Flippo

National Textbook Company
a division of NTC/CONTEMPORARY PUBLISHING GROUP
NTC Lincolnwood, Illinois USA

Publisher: Steve VanThournout
Editorial Director: Cindy Krejcsi
Executive Editor: Mary Jane Maples
Senior Editor: Elizabeth Millán
Director, World Languages Publishing: Keith Fry
Art Director: Ophelia M. Chambliss
Illustrator: Sandy Burton
Cover and interior design: Annette Spadoni
Production Manager: Margo Goia
Production Coordinator: Denise M. Duffy

ISBN: 0-8442-2075-2

Published by National Textbook Company,
a division of NTC/Contemporary Publishing Group, Inc.,
4255 West Touhy Avenue,
Lincolnwood (Chicago), Illinois 60646-1975 U.S.A.

Library of Congress Catalog Card Number: 97-69976

90 VP 098765432

Inhalt

Preface   v

To the Reader   vii

Map   viii

1   Siegfried der Drachentöter   1
     Eine Sage aus Norddeutschland und dem Nordland

2   Der Meistertrunk   7
     Eine Sage aus Bayern (Rothenburg ob der Tauber)

3   Die Rattenfänger   15
        Die Kinder zu Hameln   17
        Der Rattenfänger von Korneuburg   18
     Zwei Sagen aus Niedersachsen und Niederösterreich

4   Der Mäuseturm zu Bingen   23
     Eine Sage aus Rheinland-Pfalz

5   Kaiser Friedrich Barbarossa   29
        Friedrich Rotbart auf dem Kyffhäuser   31
        Kaiser Rotbart und die vier Musikanten   32
     Zwei Sagen aus Thüringen und Österreich (Salzburg)

6   Der liebe Augustin   37
     Eine Sage aus Österreich (Wien)

7   Richard Löwenherz oder der Sänger Blondel   43
     Eine Sage aus Niederösterreich

8   Der Werwolf aus Ottensen   49
        „Der Werwolf" von Christian Morgenstern   53
     Eine Sage aus Schleswig-Holstein (Hamburg)

9 Wie die Städte zu ihren Namen kamen: Altona,
Aschaffenburg, Bielefeld, Frankfurt, Köpenick, Minden 57
Sagen über Ortsnamen in Deutschland

10 Nixenliebe 65
Eine Sage aus Sachsen-Anhalt (Magdeburg)

11 Der Golem 71
Eine Sage aus Böhmen (Prag)

12 Narrengeschichten 79
  Die sieben Schwaben 80
  Die Schildbürger 82
Sagen aus Baden-Württemberg und Sachsen

13 Von Zwergen und Kobolden 87
  Die Heinzelmännchen von Köln 89
  Der Klabautermann 90
  Der Watzmann 91
  „'S Kasamandl" (Das Käsemännlein) 93
*Sagen aus Nordrhein-Westfalen, Schleswig-Holstein, Bayern und
Österreich*

14 Rübezahl 97
Eine Sage aus Schlesien

15 Flußgeister 105
  Das Donauweibchen 106
  Die Loreley 108
  „Die Lorelei" von Heinrich Heine 110
Sagen aus Niederösterreich und Rheinland-Pfalz

16 Der Alrauner 115
Eine Sage aus Südtirol

17 Die Teufelsbrücke 121
Eine Sage aus der Schweiz (Kanton Uri)

Vokabeln (Deutsch-Englisch) 127

Preface

Deutsche Sagen und Legenden is a collection of tales designed for readers who are beginning to function comfortably in German and who want to become more familiar with the cultural heritage of German-speaking countries. The captivating legends in this collection explore this rich folk legacy and cover a period of approximately 1,500 years.

Unlike fairy tales, legends are almost always connected to specific places and based on historical events. This makes them an ideal resource for the study of German language and culture. Although we have simplified the selections in this book somewhat, they are genuine traditional folktales and legends drawn from the rich Germanic legendary heritage of northern and central Europe. These *Sagen* and *Legenden* were taken from a variety of sources, including the Grimm Brothers' classic collection, *Deutsche Sagen* (1818), and the more contemporary collection by Heinz Röllecke, *Das große Deutsche Sagenbuch* (1996).

Legends began as an oral tradition. The earliest written version of an epic legend was the Norse-German *Nibelungenlied* (ca. A.D. 1200), from which we derived *Siegfried der Drachentöter*. Other written volumes followed. In the sixteenth century, culturally minded school principals in the area of Berlin, which was also home to the Grimms, authored collections of local German legends. But the Grimms' two-volume *Deutsche Sagen* alone contains some 585 legends, so we were faced, from the very beginning, with the proverbial *Qual der Wahl,* or "the torment of choice." We have tried to offer a representative sample of legends from Germany, Austria, German-speaking Switzerland, and from regions such as Bohemia that are no longer politically German, but which were a source of *Sagen* that have become an important part of Germanic culture.

Thus this collection contains some of the best-known German legends as well as many lesser-known, but no less interesting, *Sagen.* Geographically the legends range from the Germanic north, where it is difficult to separate the Norse (Scandinavian) from the Teutonic (Germanic), to south of today's Austrian-Italian border. There are legends explaining how German cities got their names or were saved from disaster. There are legends about heroic deeds. There are tales of elves, dwarfs, and goblins, and of sirens who lure sailors to a watery grave. In some tales, dragons, werewolves, monsters, and even the devil get their due. In others, legendary fools give us a chance to laugh at the absurdities of the human condition and clever humans show us how we can occasionally outsmart the denizens of the non-human world.

This collection of *Helden-*, *Volks-*, *Karl-*, *Berg-*, and *Rittersagen*, although categorized by region, country, or city, is not arranged in any particular order. The adapted *Sagen* are intended for readers who have already mastered the basics of the German language and who wish to expand their vocabulary and knowledge of Germanic culture. The exercises following each legend are designed to help readers improve their grammatical, reading, writing, and speaking skills. The more difficult words and phrases have been glossed and defined—in English—at the bottom of each page. There is also a bilingual German-English Vocabulary List at the back of the book.

We hope you will enjoy this journey through the fascinating past of the German-speaking world.

Herb Kernecker
Hyde Flippo

To the Reader

Readers of *Deutsche Sagen und Legenden* should have attained a level of German that includes basic vocabulary and grammar—articles, possessives, *ein*-words, *dieser*-words, the conjugation of basic weak and strong verbs, and the accusative and dative cases. Readers should be able to recognize common imperfect conjugations (*waren, hatte, ging,* etc.) and genitive case forms (*des, einer,* etc.). Subjunctive (*Konjunktiv*) or quotative verb forms are used in many of the selections— usually as subjunctive mood forms such as *hätte, wäre, sei,* etc.—to express "would" or "if" conditions. Less common forms are generally glossed.

Vocabulary

Although the selections need not be read sequentially, vocabulary glosses are sequential. That is, a word glossed for Legend 3 will not be glossed again for a later legend. Glossed words are, however, included in the Vocabulary at the end of the book. The only exceptions to this guideline are proper nouns and historical or geographical explanations; these are not repeated in the Vocabulary section.

Übungen

In addition to the traditional *Fragen zum Inhalt* and other content-related questions, the authors have provided some exercises that involve the so-called "higher order thinking skills." In these exercises and projects, readers are challenged to go beyond mere rote learning to analyze, digest, and better understand the context and deeper meaning of the legends. Readers are also encouraged to explore the legends for their historical and geographical connections to the cultures of Germany, Austria, and Switzerland.

Altona
■ Der Werwolf
Der Klabautermann

Weser

Nixenliebe ■   ■ Köpenick   **Polen**

■ Minden

Bielefeld ■   ■ Die Kinder zu Hameln

■ Siegfried der Drachentöter   ■ Friedrich Rotbart im Kyffhäuser

Elbe

■ Die Heinzelmännchen   ■ Die Schildbürger   ■ Rübezahl

Deutschland

Die Loreley ■

Der Mäuseturm ■   ■ Frankfurt am Main

Rhein   ■ Aschaffenburg   Der Golem ■

Tschechien

■ Der Meistertrunk

Donau   Der liebe Augustin
                                   Das Donauweibchen
■ Die sieben Schwaben   Korneuburg
                              Richard Löwenherz ■   ■

                              ■ Untersberg
                 Der Watzmann ■   **Österreich**

                              ■ Kasamandl

Schweiz

■ Die Teufelsbrücke   ■ Der Alrauner

Italien

Eine Sage aus Norddeutschland
und dem Nordland

1 | Siegfried der Drachentöter

Diese Begebenheit,[1] erst mündlich und ab dem 12. Jahrhundert auch schriftlich überliefert,[2] erzählt den Aufstieg und das Ende der Burgunder. Die Schauplätze[3] dieses Heldenepos liegen zwischen dem Rhein und der Donau. Siegfried, der Sohn Siegmunds, König der Franken,[4] zog[5] im jungen Alter vom väterlichen Hof in Xanten[6] aus, um das Abenteuer zu suchen.

Viele Länder hatte Siegfried schon durchwandert. Er war zu einem mutigen und kräftigen Mann herangewachsen.[7] Er hatte auch viel gesehen und gelernt. Eines Tages kam er tief im Wald zu einer Schmiede.[8] Der Meister und seine rußigen Gesellen[9] schwangen unermüdlich ihre Hämmer auf das funkensprühende Eisen.[10]

„Was stehst du hier herum!" rief der Schmied, „nimm den Hammer da und hilf uns!" Siegfried ließ sich das nicht zweimal sagen. Bald war er eifrig am Werk. Als er eine Pause machte, bemerkte er, wie ihn die anderen Gesellen mit offenem Munde anstarrten.[11]

Der Meister selbst klopfte ihm auf die Schulter und meinte: „Du zerschlägst uns ja noch die ganze Werkstatt!" Und kopfschüttelnd

---

[1]*Begebenheit* event, incident [2]*überliefert* handed down, passed on [3]*Schauplätze* locations (where the story took place) [4]*Franken* the Franks, an important tribe that later split into eastern (Germanic) and western (Gallic, French) sections, thereby giving both France (Frankreich) and Franconia (Franken) their names [5]*zog... aus* moved away [6]*Xanten* a town on the lower Rhine [7]*war... herangewachsen* had grown up to be [8]*Schmiede* smithy, forge [9]*rußigen Gesellen* soot-covered journeymen [10]*schwangen... Eisen* swung their hammers tirelessly upon the sparking iron (anvil) [11]*anstarrten* stared at

fügte er hinzu: „Sowas habe ich, der alte Meister Mime, noch nie gesehen."

„Was", rief Siegfried, „du bist Mime, der berühmte Meister aller Schmiede im Nordland? Von dir möchte ich gern das Schmiedehandwerk lernen!"

So nahm der Meister Siegfried auf. Er war sicher, daß er aus dem starken jungen Mann einen guten Schmied machen konnte. Und da hatte er auch recht. Das härteste Eisen machte Siegfried bald zu gewaltigen Schwertern,[12] mit denen er manchmal nur zum Spiel so um sich hieb, daß die Erde erbebte. Die Gesellen fürchteten sich bald so sehr vor Siegfried, daß sie den Meister beschwörten: „Wir sind hier unseres Lebens nicht mehr sicher," sagten sie, „entweder geht er oder wir."

Selbst dem Meister graute es immer mehr vor Siegfried. Er schickte ihn öfters auf Botengänge, einmal auch zum Köhler[13] auf der Gnitaheide, um Holzkohle zu holen. Siegfried war froh, der Enge der Schmiede zu entkommen[14] und machte sich frisch auf den Weg. Als die Sonne unterging, fand er den Köhler, setzte sich zu ihm und teilte dessen Abendbrot.

Mit wachsendem Interesse hörte er dem Köhler zu. Noch nie hatte er von Fafnir gehört, dem Drachen,[15] der den Schatz der Nibelungen[16] bewachte. Man sagte auch, daß ein Bad in Fafnirs Blut unverwundbar machen sollte. So hatten es schon viele versucht, Fafnir zu bezwingen. Aber sogar die mutigsten und tapfersten Ritter fanden dabei ein schreckliches Ende.

Siegfried konnte nicht einmal das Ende der Geschichte erwarten. Er vergaß Mimes Auftrag ganz und gar und zog gleich ungeduldig mit seinem gewaltigen Schwert in der Hand weiter, um selbst Fafnir den Drachen zu finden. Im Morgenrot erglühte die Gnitaheide vor ihm. Kein Vogel sang und die Erde schien verbrannt. Weit vor ihm lag ein Bergrücken mit einer gähnenden schwarzen Höhle hoch oben auf dem steilen Hang. Dorthin eilte Siegfried. Als er den Berghang hinaufkletterte, hörte er über sich schon das drohende Gebrüll Fafnirs. Er spürte die Hitze seines Atems.

---

[12]*zur gewaltigen Schwertern* into powerful swords [13]*Köhler* charcoal-maker, charcoal-burner
[14]*zu entkommen* to escape from [15]*Drache(n)* dragon [16]*Nibelungen* a tribe of Germanic peoples

Fafnir fauchte[17] mit seinem feurigen Atem dem furchtlosen Siegfried entgegen und hob seine Pranken, um Siegfried zu zerstampfen. Der zog aber sein Schwert und schlug gezielt auf Fafnir ein. Wie der Drache auch brüllte, zischte, sich wand und drehte—es nützte kein Schwanzschlag und Geschnapp mit seinen gifttriefenden Zähnen.[18] Siegfrieds Schwert flammte hell in der Sonne und er schlug dem Drachen wie der Blitz Schuppe um Schuppe ab.

Fafnirs Wutgebrüll hallte durch Berg und Tal und verwandelte sich schließlich in einen letzten schrecklichen Todesschrei, als ihm Siegfried das Schwert in die Seite stieß. Heißes Blut schoß aus Fafnirs Wunden und traf Siegfried wie ein mächtiger Wasserfall. Es lief an ihm hinunter und durchnässte ihn bis auf die Haut.

„Ich bin jetzt Siegfried, der Unverwundbare!" rief er stolz.

Er wußte aber nicht, daß zwischen seinen Schulterblättern zufällig ein Lindenblatt schicksalshaft eine verwundbare Stelle[19] markiert hatte.

Kaum war der Drache verröchelt,[20] kamen zwei Zwerge, Schilbung und Nibelung, aus einer Höhle hinter dem toten Drachen. Mit ihnen war ein wunderliches Heer von Soldaten[21]—Riesen, Zwergen in allerlei phantastischen Gestalten und Formen.

„Wer soll nun unseren Schatz beschützen?", jammerten sie. Demütig baten sie Siegfried, den Drachentöter:[22] „Vielleicht kannst Du das Gold gerecht unter uns verteilen?"

Der junge Ritter versuchte eine friedliche Lösung zu finden. Er konnte aber nicht verhindern, daß ein wütender Kampfstreit um das Erbe der Nibelungen ausbrach.

Als sich die Luft wieder geklärt hatte, stand nur mehr Siegfried aufrecht. Er war jetzt der alleinige Erbe des Schatzes—und die Macht der Nibelungen lag in seinen Händen.

---

[17]*fauchte* hissed at, snarled at   [18]*gifttriefenden Zähne* teeth dripping with poison   [19]*eine verwundbare Stelle* a vulnerable spot   [20]*war... verröchelt* had hardly drawn his last breath   [21]*Heer von Soldaten* army (multitude) of soldiers   [22]*Drachentöter* dragon slayer

Übungen

A. Ordnen Sie die folgenden Aussagen chronologisch von 1 bis 10.

_5_ Der Köhler erzählt die Geschichte.

_6_ Fafnir wohnt in einer Höhle.

_2_ Siegfried findet die Werkstatt des Schmiedes.

_10_ Der Schatz der Nibelungen gehört jetzt Siegfried.

_4_ Mime, der Meister, schickt ihn auf Botengänge.

_9_ Siegfried badet im Blut des Drachen.

_8_ Siegfried kämpft mit dem Drachen.

_1_ Siegfried kommt aus Xanten.

_7_ Fafnir möchte Siegfried töten.

_3_ Die anderen Gesellen haben Angst vor Siegfried.

B. Zu welchem Charakter passen die folgenden Wörter?

1. stark – Siegfried

2. Holzkohlen Kohler

3. unverwundbar – Siegfried

4. Schuppen – Drache

5. Schatz – Erbe der Nibelungen

6. berühmt – Siegfried

7. ungeduldig – Siegfried

8. ängstlich – Gesellen

9. Lindenblatt – ~~Fafnirs~~ Siegfried

10. erzählen – Köhler

C. Wählen Sie die richtige Phrase oder das richtige Wort.

1. Siegfried kommt aus
   a. Norddeutschland.
   b. den Alpen.
   c. dem Königreich.

2. Mime ist ein
   a. Köhler.
   b. Handwerker.
   c. Geselle.

3. Das Schwert des Helden ist aus
   a. schwarzer Kohle.
   b. glühendem Holz.
   c. härtestem Eisen.

4. Der Drache bewacht
   a. die Schätze der Burgunder.
   b. die Gnitaheide am Morgen.
   c. die Höhle hoch auf dem Berg.

5. Fafnir hat
   a. den Helden zerstampft.
   b. Siegfried besiegt.
   c. schon viele Ritter getötet.

D. Fragen zum Inhalt

1. Was hat Siegfried schon über den Schmiedemeister gehört?
2. Warum ist Siegfried anders als die anderen Gesellen?
3. Ist Mime mit dem Lehrling zufrieden?
4. Was denken die anderen Gesellen?
5. Wie löst Mime sein Problem?
6. Warum bringt Siegfried keine Holzkohle zur Schmiede?
7. Wo lebt der Drachen?
8. Welche Waffen hat der Drachen?
9. Was passiert, wenn man im Drachenblut badet?
10. Wie ändert sich das Leben Siegfrieds am Ende?

E. Zum Nachforschen

Diese Sage kommt zum Teil aus dem bekannten *Nibelungenlied.* Finden Sie Hinweise in der Bibliothek über den Schauplatz dieser Geschichte im *Nibelungenlied:*

1. Zeitraum (Jahrhundert)
2. Hauptpersonen (Protagonisten)
3. Ort der Handlung (Geographie)
4. Autor

Eine Sage aus Bayern
(Rothenburg ob der Tauber)

2 | Der Meistertrunk

er Dreißigjährige Krieg[1] war Geschichtsschreibern nach wohl einer der grausamsten und schrecklichsten Kriege im mitteleuropäischen Raum. Durch den ständigen Streit zwischen Katholiken und Protestanten begann der Krieg 1618 mit dem Prager Fenstersturz[2] und endete 1648 mit dem Westfälischen Friedensvertrag.[3] In diesen Jahren wurde die Bevölkerung Deutschlands auf die Hälfte reduziert. Süddeutschland hatte die größten Verluste. In der Stadt Augsburg überlebte nur ein Viertel der Einwohner, im Land Württemberg gar nur ein Sechstel. Nicht viele Städte blieben von den Greueln des Krieges verschont.[4] Wie die protestantische Stadt Rothenburg ob der Tauber vor der Zerstörung des Generals Tilly und seines Heeres gerettet wurde,[5] erzählt die folgende Geschichte.

---

[1]*Dreißigjährige Krieg* the Thirty Years' War (1618–1648); a series of religious and political wars involving several central European countries [2]*Prager Fenstersturz* the Prague Defenestration (on May 23, 1618, two Catholic representatives were thrown out of a castle window into a moat below; they were only slightly injured) [3]*Westfälischer Friedensvertrag* the Peace of Westphalia (treaty that ended the Thirty Years' War) [4]*Nicht viele... verschont.* Not many towns were spared the horrors of the war. [5]*gerettet wurde* was saved from

Es war das Jahr 1630. Graf Johann von Tilly[6] hatte mit seinen Truppen die befestigte[7] Stadt Rothenburg ob der Tauber nach einem verzweifelten Verteidigungsversuch[8] der Bürger besetzt. Die Soldaten zogen grölend[9] durch die Strassen und feierten ihren Sieg. Die verängstigten Bürger sperrten sich[10] in ihre Häuser. Der General saß mit den Ratsherren und dem Bürgermeister im Rathaus und ließ sich bewirten.

Die Rothenburger wußten wohl, was auf sie zukam.[11] Tillys Truppen waren berüchtigt[12] für ihr erbarmungsloses[13] Plündern, Zerstören und ihre vielen anderen grausamen Greueltaten, sobald sie eine Stadt eingenommen hatten.

„Auf ihr Wohl, meine Herren," prostete Tilly dem versammelten Stadtrat zu,[14] „dem Stärkeren gehört die Welt! Prost! So wie ich diesen Krug jetzt trinken werde, so werden wir Eure Stadt hinterlassen—leer und trocken," lachte er unverschämt.

Mit offenem Mund schauten die Ratsherren zu, wie Tilly den riesigen Krug an die Lippen setzte und mit gewaltigen Zügen den Wein trank, und trank und trank... bis er plötzlich prustend und hustend absetzte und den Krug auf den Tisch knallte, daß der Rest des Weines herausschwappte.[15] „Donnerwetter!"[16] rief er verdutzt,[17] „da soll doch der Blitz dreinschlagen! Sowas ist mir noch nie passiert."

Er war empört.[18] Ein Mann wie er mußte doch den Krug leertrinken!

Um seine Manneswürde[19] zu retten, forderte er die Ratsherren auf: „Na ja, von Euch Schlappschwänzen[20] würde es sowieso keiner schaffen, mehr als ich auf einen Zug[21] zu trinken! Sollte es einem aber doch gelingen, dann werde ich meinen Leuten befehlen, eure Stadt zu verschonen. Hahaha," grölte er und blickte in die Runde.

---

[6]*Graf Johann von Tilly* Count Johann von Tilly (1559–1632), who built up the Bavarian army, conducted many of the campaigns of the Thirty Years' War, and died of wounds received in his unsuccessful attempt to keep Swedish forces from crossing the Lech river into Bavaria
[7]*befestigte* fortified [8]*Verteidigungsversuch* an attempt to defend [9]*grölend* shouting
[10]*sperrten sich* locked themselves (in) [11]*was auf sie zu kam* what was in store for them
[12]*berüchtigt* notorious [13]*erbarmungsloses* merciless [14]*prostete... zu* toasted
[15]*herausschwappte* spilled (out of) [16]*Donnerwetter!* Thunderation! [17]*verdutzt* bewilderedly
[18]*empört* indignant [19]*Manneswürde* manly dignity [20]*Schlappschwänze* wimps, losers
[21]*auf einen Zug* in one gulp/swig

Die Ratsherren waren zwar trinkfest, doch vor dieser schicksalhaften Herausforderung schreckten sie zurück. Tilly runzelte die Nase und stand auf, um zu seinen Männern zu gehen. Als er aber zur Tür kam, rief der Bürgermeister Nüsch ihm ein energisches „Halt!" nach. Seinen Ratsherren befahl er, den Krug wieder zu füllen.

Spöttisch lächelnd lehnte Tilly an der Tür. Der Bürgermeister rief ihm frech „Zum Wohl!" zu. Dann setzte er den Krug an und trank. Und trank. Nur die lauten Schlucke waren in der Stille zu hören. Die Augen der Stadträte hingen gebannt am Krug. Das Gesicht des Bürgermeisters wurde rot und röter, und die Schlucke wurden krampfhafter. Als dann schon ein Ende zu erhoffen war, brachen die Ratsherren in Beifall[22] aus. Sie klatschten und riefen: „Hoch lebe der Bürgermeister, lang lebe die Stadt Rothenburg!" Und mit letzter Kraft schluckte der Bürgermeister den letzten Tropfen, stellte den Krug auf den Tisch, rülpste[23] laut und wischte sich mit der Hand über den Mund. Dann wandte er sich an den verblüfften Tilly und forderte frech: „Als Ehrenmann werden Sie wohl Ihr Wort halten. Setzen Sie sich doch zu mir auf einen anständigen Trunk!"

Bevor Tilly diese Einladung jedoch annehmen konnte, fiel der Bürgermeister schwer und ohnmächtig vom Stuhl. Tilly blieb nichts anderes übrig als seine unruhigen Truppen zu sammeln und sie auf die nächste Stadt zu vertrösten. Als die Soldaten mürrisch[24] aus der Stadt zogen, war die Nachricht über die Heldentat des Bürgermeisters schon wie ein Lauffeuer durch die Stadt gezogen. Die Ratsherren hatten Nüsch inzwischen wiederbelebt und auf den Marktplatz geschleppt. Dort jubelte er mit der Menschenmenge. Schließlich trat er, gestützt auf seine Ratsherren, seinen stolpernden Triumphmarsch nach Hause an. Und dieses eine Mal empfing ihn seine Frau mit offenen Armen, statt mit dem üblichen Gekeife.[25]

Die Rothenburger feierten aber an diesem Tag noch lange, und der Bürgermeister schlief tief und fest.

---

[22]*Beifall* approval [23]*rülpste* burped, belched [24]*mürrisch* sullenly [25]*statt mit dem üblichen Gekeife* rather than with the usual nagging

Übungen

A. Wählen Sie die richtige Phrase oder das richtige Wort.

1. Die Rothenburger
   a. wußten nichts über Tilly.
   b.✗ wußten, was Tilly machen wollte.
   c. wußten, daß Tilly protestantisch war.

2. Tilly wollte
   a.✗ die Stadt plündern.
   b. mit den Ratsherren feiern.
   c. noch mehr zu trinken.

3. Der Bürgermeister
   a. trank, weil er durstig war.
   ✗b. trank mehr als Tilly.
   c. trank nicht genug.

4. Die Bürger
   a. konnten Tillys Truppen besiegen.
   b. wollten einen neuen Bürgermeister.
   c.✗ mußten tun, was Tilly sagte.

5. Tillys Truppen besetzten die Stadt,
   a.✗ weil die Bürger sich nicht verteidigen konnten.
   b. weil sie essen und trinken wollten.
   c. weil der Bürgermeister sie eingeladen hatte.

6. Der Dreißigjährige Krieg begann im Jahr 1618 in
   a. Rothenburg ob der Tauber.
   b.✗ Prag.
   c. Augsburg.

7. Dieser Krieg war zwischen
   a. dem Osten und dem Westen.
   b.✗ zwei christlichen Religionen.
   c. Liberalen und Konservativen.

8. Der Krieg endete mit dem

   a. Friedensvertrag von Wien.
   b. Berliner Friedensvertrag.
   ✗ c. Westfälischen Friedensvertrag.

9. Nach dem Dreißigjährigen Krieg waren 50 Prozent der Bevölkerung Deutschlands

   a. nicht mehr katholisch.
   b.✗ nicht mehr am Leben.
   c. nicht mehr müde.

10. Nach seiner Heldentat wollte der Bürgermeister erst einmal

    a.✗ schlafen.
    b. feiern.
    c. arbeiten.

B. Fragen zum Inhalt

1. Was passierte der Bevölkerung Deutschlands im dreißigjährigen Krieg?
2. Wieviele Jahre noch dauerte der Dreißigjährige Krieg nach dem Meistertrunk von Rothenburg?
3. Wo und mit wem saß General Tilly?
4. Was war das einzige, das man hören konnte, als Tilly den Krug austrank?
5. Wie kam es dazu, daß Tilly die Ratsherren zum Trinken herausforderte?
6. Was machte Tilly, nachdem der Bürgermeister den Weinkrug leertrank? *Tilly war verblüffte*
7. Was machte Bürgermeister Nüsch nach dem *Meistertrunk*?

C. Ergänzen Sie den Satz mit dem richtigen Wort.

Ratsherren	Bürger ✓	General ✓
Bürgermeister	Truppen ✓	Stadtrat

1. Graf Johann von Tilly war _General_
2. Die versammelten _Ratsherren_ konnten nur mit offenem Mund zuschauen.
3. Die _Truppen_ waren für ihre Greueltaten berüchtigt.

4. Die verängstigten _Bürger_ sperrten sich in ihre Häuser.

5. Der _Stadtrat_ war sehr stolz auf den Bürgermeister.

6. Der _Bürgermeister_ fiel dann ohnmächtig von seinem Stuhl.

D. Synonyme

Wie sagt man das auch anders in der Sage? (Finden Sie das Wort oder die Phrase dazu.)

1. klatschen = _Beifall_

2. Angst haben = _pq q_

3. sehr groß =

4. verdutzt =

5. Soldaten = _Truppen_

E. Zum Nachforschen

1. Rothenburg ob der Tauber liegt an der bekannten Romantischen Straße. Suchen Sie in der Reiseliteratur:

   a. Hinweise auf diese Touristenattraktion, den Verlauf der Straße, die Städte entlang dieser Straße und die Sehenswürdigkeiten.

   b. Schreiben Sie ein kurzes Referat darüber.

2. Zeichnen Sie eine Landkarte mit allen geographischen und kulturellen Einzelheiten der Romantischen Straße.

Zwei Sagen aus Niedersachsen (Hameln)
und Niederösterreich (Korneuburg)

3 | Die Rattenfänger

*D*ie Brüder Grimm
sammelten einige Sagen von
Schlangenfängern[1] und
Rattenfängern.[2] Die zwei
bekanntesten kommen aus Hameln
in Deutschland und Korneuburg
in Österreich.

Die deutsche Stadt Hameln
liegt an der Weser in Niedersachsen,
nicht weit von Hannover. Dort steht
heute noch das Rattenfängerhaus
aus dem Jahre 1602. Die Geschichte
der Stadt geht aber viel weiter zurück, bis vor 800 n. Chr.
nach Christus
Die historische Verbindung mit der Rattenfängersage ist nicht
ganz sicher. Warum die Kinder von Hameln im Jahre 1284 die
Stadt verlassen haben sollen, ist unklar. Im 16. Jahrhundert
wurde die Legende mit den Kreuzzügen[3] verbunden, was man
aber nach mehr als 300 Jahren später nicht beweisen kann.

Die österreichische Stadt Korneuburg liegt an der Donau
in der Nähe von Wien. Obwohl weniger bekannt als der von
Hameln, gab es auch einen flötenden[4] Rattenfänger in Korneuburg. Statt in die Weser, trieb[5] der Korneuburger Rattenfänger
seine Ratten in die Donau.

---

[1]*Schlangenfängern* snake-catchers   [2]*Rattenfängern* Pied Pipers; literally rat-catchers
[3]*Kreuzzügen* Crusades   [4]*flötenden* flute-playing   [5]*trieb* drove

Die Kinder zu Hameln
(Niedersachsen)

Kein Mensch weiß, woher die vielen Ratten kamen, die im Jahre 1284 die Stadt Hameln überfielen. Die Bürger von Hameln wußten nur, daß sie eine unerträgliche Plage[6] waren. Deshalb waren sie froh, als ein Mann in die Stadt kam, und sich als ein Rattenfänger ausgab. Er war sehr bunt bekleidet, weshalb man ihn Bundting[7] nannte. Für einen Lohn[8] versprach er, die Stadt von allen Ratten zu befreien. Obwohl er ziemlich viel Geld verlangte, sagten die Stadträte[9] ja. Wenn er wirklich die Stadt von den Ratten befreien könnte, würden sie gern bezahlen.

Der bunt bekleidete Mann zog daraufhin ein Pfeifchen heraus. Er ging langsam und Flöte spielend durch die Straßen von Hameln. Da kamen die Ratten und Mäuse aus allen Häusern und folgten ihm. Er führte sie an die Weser, trat an das Ufer, wo die Tiere alle ins Wasser stürzten und ertranken.[10]

Nachdem ihre Stadt von der schrecklichen Plage befreit war, wollten die Bürger aber nicht bezahlen. Sie erfanden allerlei Ausreden.[11] Es wäre, so sagten sie, dem Fremden viel zu leicht gewesen, die Ratten aus der Stadt zu locken.[12] Der Rattenfänger ging zornig[13] weg. Als er die Stadt verließ, schwor er deren geizigen Einwohnern seine Rache.[14]

Am 26. Juni kam er zurück, diesmal als Jäger verkleidet. Wieder ging er durch die Gassen[15] der Stadt und ließ seine Pfeife hören. Diesmal folgten ihm aber keine Tiere, sondern alle Kinder der Stadt, von zehnjährigen bis zur erwachsenen[16] Tochter des Bürgermeisters. Die ganze Schar[17] folgte dem Rattenfänger aus der Stadt zu einem Berg, wo sie alle in einem Loch verschwanden. Ein taubes Kindermädchen[18] hatte gesehen, was geschehen war und brachte die Nachricht in die Stadt. Die Eltern waren alle ganz verzweifelt und suchten ihre Kinder. Boten wurden ausgesandt, um etwas von den

---

[6]*unerträgliche Plage* unbearable nuisance   [7]*Bundting (bunt + Ding)* "colorful thing"
[8]*Lohn* payment   [9]*Stadträte* city fathers, city councilmen   [10]*stürzten und ertranken* fell in and drowned   [11]*erfanden allerlei Ausreden* invented all kinds of excuses   [12]*zu locken* to lure
[13]*zornig* furious, angry   [14]*schwor... Rache* he swore his revenge on the town's greedy inhabitants
[15]*Gassen* lanes, narrow streets   [16]*erwachsene* adult   [17]*Schar* group   [18]*taubes Kindermädchen* deaf nanny

130 Kindern zu erfahren, aber alles war vergeblich. Die Kinder wurden nie wieder gesehen.

Die Straße, auf der die Kinder die Stadt verlassen hatten, hieß noch bis zur Mitte des 18. Jahrhunderts die bunge-lose (trommeltonlose[19]), weil dort weder Musik gehört, noch getanzt werden durfte. Der Berg bei Hameln, wo die Kinder verschwunden waren, heißt der Poppenberg. Links und rechts an der Stelle, wo die Kinder zum letzten Mal gesehen wurden, stehen zwei Steine in Kreuzform. Einige sagen, die Kinder wären in eine Höhle geführt worden und in Siebenbürgen[20] wieder herausgekommen.

Der Rattenfänger von Korneuburg
(Niederösterreich)

Die österreichische Stadt Korneuburg war einmal für seinen Kornmarkt[21] sehr berühmt. Da Ratten und Mäuse auch sehr gern Korn fressen, kamen sie massenweise in die Stadt. Der Stadtrat hatte keine Ahnung,[22] was man gegen diese Plage machen könnte. Da erschien ein Mann, der behauptete,[23] er könnte die lästigen Tiere aus der Stadt vertreiben und zum Wasser jagen.

Aus Freude, die Ratten doch endlich loszuwerden, versprachen die Stadträte dem Rattenfänger einen schönen Lohn. Er ging durch die Stadt, seine Flöte spielend, und im Nu[24] liefen ihm die Ratten und Mäuse nach[25] bis zur Donau. Als er aber seinen Lohn forderte,[26] war es dem Stadtrat plötzlich zu viel. Sie verweigerten die Bezahlung.[27]

Als der Rattenfänger sein Geld nicht bekam, ging er zur Donau und brachte mit seinem Flötenspiel die Rattenschar wieder in die Stadt zurück. Das überzeugte die Ratsherren, dem Mann seinen verdienten Lohn zu geben. Daraufhin nahm dieser seine Flöte und lockte die Ratten zurück zur Donau, wo sie alle endgültig ertranken. Zur Erinnerung an diese Tat errichtete[28] die Stadt ein Monument auf dem Rathausplatz, wo es heute noch zu sehen ist.

---

[19]*trommeltonlos* without the sound of a drum [20]*Siebenbürgen* German name for Transylvania
[21]*Kornmarkt* grain market [22]*keine Ahnung* no idea, no inkling [23]*behauptete* claimed (that)
[24]*im Nu* in no time at all [25]*liefen… nach* ran after, followed [26]*forderte* demanded
[27]*Sie… Bezahlung.* They refused to pay (payment). [28]*errichtete* erected, built

Übungen

A. Fragen zum Inhalt

1. In welchem Jahrhundert spielt die Hameln-Sage?
2. Was fressen Ratten und Mäuse besonders gern?
3. Wie fanden die Bewohner der beiden Städte endlich Hilfe?
4. Welches Instrument spielte die beiden Rattenfänger?
5. Wo und wie starben die Ratten in Hameln? Und in Korneuburg?
6. Warum war den Stadtvätern von Hameln der Preis zu hoch?
7. In welchen Kleidern kam der Rattenfänger nach Hameln zurück?
8. Wie rächten sich die beiden Rattenfänger?
9. Was ist das genaue historische Datum für das Verschwinden der Kinder in Hameln?
10. Was gibt es in den beiden Städten zur Erinnerung an die Rattenfänger?

B. Wählen Sie die richtige Phrase.

1. Der Rattenfänger

   a.✗ trug Kleider in verschiedenen Farben.
   b. trug bunte Schwimmkleider.
   c. trug verschiedene Instrumente.

2. Die Stadtbewohner konnten

   a. den Mann nicht bezahlen.
   b.✗ sich nicht von den Ratten befreien.
   c. dem Mann nicht folgen.

3. In Korneuburg gab es

   a. mehr Ratten als in Hameln.
   b. weniger Kinder als in Hameln.
   c.✗ eine bessere Lösung für die Bewohner.

4. In Hameln sah ein taubes Kindermädchen

   a. wie die Tochter des Bürgermeisters nach Hause ging.
   b.✗ was geschehen war.
   c. einen Jungen, der am Fluß spielte.

5. Die Kinder von Hameln wurden nicht mehr gesehen, weil sie vermutlich

   a.✕ im Berg sind.
   b. in Osteuropa wohnen.
   c. im Fluß ertrunken sind.

C. Wer oder was aus den Rattenfängersagen paßt zu den folgenden Adjektiven?

1. lästig		6. zornig	
2. geizig		7. erwachsen	
3. taub		8. verzweifelt	
4. österreichisch		9. verdient	
5. schrecklich		10. unerträglich	

D. Synonyme

Wählen Sie von der Liste ein Synonym für jedes unterstrichene Wort.

Ausrede	*flöten*	*Pfeifchen*	*ertrinken*
böse	*Gassen*	*nicht wissen*	*Bezahlung*
niemand	*herausnehmen*	*Gruppe*	*vertreiben*

1. Kein Mensch wußte, warum es in der Stadt soviele Ratten gab.
2. Sie hatten auch keine Ahnung, wie sie die Tiere loswerden könnten.
3. Da kam ein Mann mit einer Flöte.
4. Er zog sie heraus und zeigte sie dem Bürgermeister.
5. Er spielte und ging durch die Straßen der Stadt.
6. Alle Tiere starben in der Weser.
7. Die Bürger wollten dem Mann nicht den Lohn geben.
8. Sie fanden schnell eine Entschuldigung.
9. Da wurde der Rattenfänger aber sehr zornig.
10. Er nahm eine große Schar von Kindern mit sich.

E. Fragen zum Diskutieren (mündlich oder schriftlich)

1. Welche Unterschiede gibt es zwischen den beiden Rattenfängersagen? In welcher Weise sind die zwei Sagen gleich oder ähnlich?

2. Finden Sie die Rache der beiden Rattenfänger richtig? Warum—oder warum nicht?

3. Diskutieren Sie die Probleme der Stadtbewohner im Mittelalter. Gab es außer den Ratten andere Probleme?

F. Zum Nachforschen

1. Welche wirklichen geschichtlichen Tatsachen finden Sie in diesen zwei Sagen? Schreiben Sie eine Liste!

2. Einige Historiker meinen, daß die Sage „Die Kinder zu Hameln" eigentlich auf den sogenannten „Kinderkreuzzug" vom Jahre 1212 zurückgehe. Finden Sie im Lexikon oder aus anderen Quellen Informationen über dieses traurige Ereignis, in dem tausende von Kindern aus Deutschland und Frankreich auf einem Kreuzzug starben!

3. Finden Sie Hinweise über die Rattenfänger-Städte in Deutschland und Österreich! Es gibt z.B. in Hameln das Rattenfängerhaus (1602 erbaut) und das Hochzeitshaus (1617).

4 | Der Mäuseturm zu Bingen

Wenn Touristen heute mit einem Dampfer den Rhein entlang fahren, können sie den Mäuseturm[1] mitten im Fluß in der Nähe der Stadt Bingen sehen. Viele wissen gar nicht, daß es eine alte Sage über den Turm gibt, eine grausige[2] Geschichte von einem bösen Bischof und der Hungersnot im Jahre 974.

Eigentlich hat der Name „Mäuseturm" kaum mit Mäusen zu tun. Wahr ist, daß der Turm und seine Burg (aus dem 13. Jahrhundert) auf einer kleinen Insel im Rhein einmal eine Maut-Station[3] für die Rheinschiffe waren. Eine große, schwere Kette hing damals über dem Rhein. Um an der Kette vorbeizukommen, mußten die Schiffer eine Maut bezahlen. Aus diesem Wort „Maut" wurde „Maus" und die Bezeichnung „Mäuseturm" („Mautturm").

Auch der historische Erzbischof Hatto I (?–913) war anders, als die Tradition ihn darstellt.[4] Ganz im Gegensatz zum bösen Bischof der Legende, war der echte Bischof Hatto eine weise, gute Person, die viele Kirchen bauen ließ. Er lebte gar nicht mehr, als es 974 eine Hungersnot im Rheinland gab. Man weiß nicht, warum erst später im 13. Jahrhundert die Geschichten vom bösen Hatto entstanden.[5]

---

[1]*Mäuseturm (die Mäuse + der Turm)* tower of the mice   [2]*grausige* gruesome, horrible
[3]*Maut-Station* toll house, a place to pay a toll or customs duties   [4]*darstellt* portrays
[5]*entstanden* arose, came into being

Vor tausend Jahren gab es im deutschen Raum eine schreckliche Hungersnot. Die Leute aßen sogar Katzen und Hunde, aber Tausende starben trotzdem an Hunger. Da war ein Bischof in Mainz namens Hatto der Andere. Er war ein böser Geizhals[6] und dachte nur daran, seine Reichtümer zu vergrößern. So viel er konnte, erpreßte[7] er die Leute und füllte seine Scheunen[8] mit Korn[9] und seine Truhen[10] mit Gold und Juwelen. Es kümmerte ihn nicht, daß die armen Leute verhungerten und sich wie wilde Tiere um jedes winzige Stück Brot stritten.

Eines Tages sagte der Bischof: „Bringt alle Armen in meine Scheune vor der Stadt. Ich will ihnen Essen geben." Die armen Menschen trauten ihren Ohren nicht, aber weil sie ganz verzweifelt vor Hunger waren, gingen sie zur Scheune. Bischof Hatto befahl dann seinen Knechten,[11] die Türen fest zu schließen, ließ sie ein Feuer anzünden und verbrannte die Scheune samt den armen Menschen. Als die brennenden Leute zu jammern und zu schreien anfingen, rief der Bischof höhnisch:[12] „Hört, hört, wie die Mäuse pfeifen!" Bald aber war nur mehr das Knistern der Flammen zu hören.

In der Nacht nach dem gräßlichen Brand[13] kamen plötzlich viele Mäuse zum Schloß des Bischofs, bissen und plagten ihn, bis er fast verrückt wurde. Er wußte sich schließlich keinen anderen Rat, als in den Rhein zu fliehen. Aber die Mäuse kamen ihm nach. Im Glauben, daß die Mäuse nicht so weit schwimmen konnten, fuhr er dann mit einem Boot zur Insel bei Bingen am Rhein. Um den Mäusen ganz sicher zu entkommen,[14] stieg er die Treppe hinauf in den hohen Turm. Dort hängte er sogar sein Bett hoch über den Fußboden, damit die Mäuse ihn nicht erreichen konnten. Die Mäuse schwammen aber durch den Strom und kletterten[15] dann auf den Turm und fielen dort über den bösen Bischof her.

Erst nach ein paar Tagen, nachdem die Mäuse wieder verschwunden waren, wagten die Knechte in den Turm zu kommen.

---

[6]*Geizhals* miser, tightwad [7]*erpreßte* squeezed (money out of) [8]*Scheunen* barns [9]*Korn* grain [10]*Truhen* chests [11]*Knechten* servants [12]*höhnisch* scornfully [13]*gräßlichen Brand* dreadful fire [14]*zu entkommen* (dat.) to escape (from) [15]*kletterten* climbed

Dort fanden sie aber nur noch das Gerippe[16] des Bischofs. Die Mäuse hatten den Bischof lebendig aufgefressen.

Der Geist des Bischofs soll bis heute noch keine Ruhe gefunden haben. Man sagt, daß man in der Nacht beim Mondlicht von vorbeifahrenden Schiffen aus den bleichen[17] Geist des Bischofs auf der Insel sehen kann.

Übungen

A. Wählen Sie die richtige Phrase oder das richtige Wort.

1. Der Mäuseturm steht heute noch
   a. in der Stadt Bingen.
   b. im Rhein bei Bingen.
   c. neben einer Scheune.

2. Die Leute in der Scheune
   a. starben an Hunger.
   b. ertranken.
   c. starben im Brand.

3. Nach dem gräßlichen Brand kamen die Mäuse
   a. in die Scheune.
   b. zum Bischof.
   c. aus dem Rhein.

4. Der Bischof glaubte, daß die Mäuse nicht
   a. schwimmen konnten.
   b. auf die Insel kommen konnten.
   c. beißen würden.

5. Die Mäuse haben den Bischof
   a. verbrannt.
   b. lebendig aufgefressen.
   c. im Turm eingeschlossen.

---

[16]*Gerippe* skeleton, skeletal remains   [17]*bleichen* pale

6. Der Turm war einmal
   a. ein Heim für Mäuse.
   b. in Mainz.
   c. eine Maut-Station.

B. Fragen zum Inhalt

1. Warum nannte man den Bischof einen Geizhals?
2. Wie hieß der Bischof und woher kam er?
3. Woher kommt eigentlich das Wort „Mäuseturm"?
4. Warum kamen die armen Leute in die Scheune des Bischofs?
5. Wo muß man heute eine Maut bezahlen?
6. Wieso wurde der Bischof fast verrückt?
7. Wie kam der Bischof auf die Insel?
8. Was passierte auf der Insel? Wie versuchte der Bischof, den Mäusen zu entkommen?
9. Warum warteten die Knechte ein paar Tage, bevor sie auf die Insel gingen?
10. Was kann man heute in der Nacht von vorbeifahrenden Schiffen auf der Insel sehen?

C. Gegenteile

Ein Wort auf der rechten Seite wird nicht verwendet.

1.	arm	a.	öffnen
2.	leben	b.	gestern
3.	schließen	c.	niedrig
4.	hoch	d.	reich
5.	heute	e.	gut
6.	böse	f.	ohne
7.	samt	g.	groß
8.	schreien	h.	sterben
9.	plötzlich	i.	schweigen
		j.	langsam

D. Fragen zum Diskutieren (mündlich oder schriftlich)

1. Welche Unterschiede gibt es zwischen der Sage und den historischen Tatsachen?

2. Was ist die Moral dieser Legende? Erklären Sie Ihre Antwort!

3. Aus welchen Gründen wollte man vielleicht so eine Legende über den Bischof erfinden?

4. Was sagt uns diese Sage über das Leben und die Gesellschaft im 10. Jahrhundert?

5. Welche anderen Legenden gibt es über den Rhein? Warum gibt es so viele?

E. Zum Nachforschen

1. Finden Sie mit einer Landkarte und einem Fremdenführer Bingen am Rhein und lernen Sie mehr über diese Gegend! (Geschichte, Sehenswürdigkeiten, usw.)

2. Was weiß man über den historischen Erzbischof Hatto? Welche Freunde oder Feinde hatte er? Was für ein Mensch war er eigentlich?

3. Noch mehr über den Mäuseturm! Der Deutschritterorden[18] versuchte vergeblich im Dreißigjährigen Krieg, den Turm gegen die Schweden zu verteidigen.[19] Ein letzter deutscher Ritter wurde ein Held. Wie?

---

[18]*Deutschritterorden* Knights of the Teutonic Order   [19]*zu verteidigen* to defend

5 | Kaiser Friedrich Barbarossa

*I*n der deutschen Sagenliteratur gibt es viele Berglegenden. Eine der bekanntesten handelt von Kaiser Friedrich Barbarossa (ca. 1123–1190), auch Friedrich Rotbart[1] genannt, und dem Kyffhäuser-Gebirge (höchster Berg: Kulpenberg, 417m) in Thüringen. Wie die meisten Sagen, geht auch diese auf eine historische Person zurück. Die Kyffhäuser-Sage handelte ursprünglich vom Enkelsohn[2] des Kaisers, Friedrich II (1194–1250), der in Italien starb. Erst später wurde Friedrich Barbarossa der Held der Sage.

Der historische Tod des Kaisers passierte auf dem 3. Kreuzzug[3] am 10. Juni 1190. Kaiser Barbarossa, in vollem Ritteranzug bekleidet, fiel von seinem Pferd und ertrank in einem Fluß in Kleinasien.[4] Er war sehr beliebt und das Volk wollte nicht glauben, daß er wirklich tot war. Weil er in weiter Ferne[5] gestorben war, konnte sich dann diese Sage leichter verbreiten. Dieser Sage nach, lebt der gute Kaiser Barbarossa noch und einen Tag soll er wieder der rechte Kaiser werden. Heute kann man als Tourist die sogenannte „Barbarossahöhle" ein paar Kilometer nördlich von dem Dorf Rottleben in Thüringen besuchen.

---

[1] *Kaiser Friedrich Barbarossa (= Rotbart)* Frederick I, Barbarossa (= red beard), Holy Roman Emperor [2] *Enkelsohn* grandson [3] *Kreuzzug* Crusade; there were eight Crusades (1095–1270) representing attempts by various popes and European monarchs to regain Christian control of the Holy Land [4] *Kleinasien* Asia Minor; large peninsula in West Asia between the Black Sea and the Mediterranean Sea [5] *in weiter Ferne* far away (far from home)

Eine ähnliche Sage findet man weiter im Süden, in Österreich. Von Salzburg aus kann man bei schönem Wetter den Untersberg (1973m) sehen. Auch in diesem Berg soll Kaiser Friedrich Barbarossa heute noch ruhen.

Friedrich Rotbart auf dem Kyffhäuser
(Thüringen)

Im Jahre 1669 brachte ein Bauer aus dem Dorf Reblingen Korn nach Nordhausen. Als er am Berg Kyffhausen vorbeifuhr, kam ein kleines Männchen auf ihn zu und bat[6] ihn, ihm zu folgen. Das Männchen führte den Bauer in eine Höhle[7] im Berg, wo er sein Korn ausschütten mußte. Er durfte aber dafür die Säcke mit Gold füllen. Als er dies tat, sah der Bauer einen Mann mit einem roten Bart an einem runden steinernen Tisch sitzen, ohne sich zu bewegen. Das Männchen erzählte dem Bauer, daß das Kaiser Friedrich Rotbart sei.[8]

Der Legende nach ist der Kaiser auf einem Kreuzzug im Land der Türken ertrunken. Er ist aber nicht wirklich tot, sondern versteckt[9] im Kyffhäuser, wo er heute noch lebt und darauf wartet wieder Kaiser zu werden. Da sitzt er in einem großen unterirdischen[10] Saal an einem runden steinernen Tisch, durch den sein roter Bart wächst. Der lange Bart des Kaisers reicht jetzt zweimal um den Tisch herum. Der Kaiser schläft nicht ganz, sondern hält seinen Kopf in den Händen und schlummert.[11] Er nickt vor sich hin und öffnet die Augen ab und zu. Wenn sein Bart so lang gewachsen ist, daß er dreimal um den Tisch herum reicht, wird der Kaiser aufstehen und den Berg verlassen. Dann soll Friedrich Rotbart nach dem Verlassen des Berges seinen Schild[12] an einen dürren[13] Baum hängen. Der Baum wird grünen und blühen und eine bessere Zeit wird kommen.

---

[6]*bat* asked (him to) [7]*Höhle* cavern, cave [8]*sei* (subjunctive form of *sein*) was
[9]*versteckt* hidden [10]*unterirdischen* underground [11]*schlummert* is dozing [12]*Schild* shield
[13]*dürren* barren (leafless)

Kaiser Rotbart und die vier Musikanten
(Salzburg, Österreich)

In ihren „Lehr- und Wanderjahren"[14] zogen einmal viele junge Leute von Stadt zu Stadt, von Meister zu Meister und von Gelegenheit zu Gelegenheit.[15] Sie erwarben sich damit nicht nur Wissen, sondern gewannen auch soziale und kulturelle Erfahrung.[16] Wenn sie älter waren, gaben sie ihre Erfahrungen an ihre Lehrlinge und Kinder weiter. Die Wanderjahre dienten aber auch oft dazu, den jugendlichen Übermut zu verlieren. In der folgenden Geschichte treffen wir vier junge Männer, die sich mit einer alten Legende auseinandersetzen, nämlich mit der Geschichte über den Kaiser Friedrich Barbarossa im Untersberg zu Salzburg.

Einst war es vier jungen Musikanten im Lande Tirol ein bißchen zu eng geworden. Sie hatten schon überall in ihrer Heimat zum Tanz gespielt. Auf Hochzeiten, Taufen[17] und sogar Begräbnissen machten sie Musik. Sie wollten aber neues lernen—und Abenteuer erleben.

Da hörten sie von den reichen Salzherren[18] im Salzburger Land und den Festen, die man dort jahraus, jahrein auf das ausgiebigste[19] feierte. In den großen Gasthäusern bräuchte man immer gute Musik. So machten sich die vier lustigen Gesellen bald auf den Weg.

Ihr Weg führte über viele Berge und durch viele Täler. Und schließlich, kurz vor dem Ziel auch am Untersberg vorbei. Es war schon Nacht und der Berg sah aus wie eine unheimliche dunkle Burg; Sterne umgaben ihn wie ein Lichterkranz.

Da sagte der übermütige[20] Geigenspieler: „Um Mitternacht sollten wir hier für den alten Kaiser Rotbart zum Tanze spielen!" Der Trompetenspieler antwortete: „Ja, mir ist das recht, der wird uns sicher reich mit Gold und Silber beschenken. Da brauchen wir dann nicht so mühsam bei Tänzen das Geld zu verdienen." Der Harmonikaspieler[21] war aber etwas vorsichtiger und mahnte seine Kameraden: „Was redet ihr denn da? Laßt doch den Kaiser schlafen und ärgert ihn nicht!"

---

[14]*Lehr- und Wanderjahren* years of apprenticeship and travel as a journeyman
[15]*Gelegenheit* occasion   [16]*erwarben... Erfahrung* gained not only knowledge, but also acquired social and cultural experience   [17]*Taufen* christenings, baptisms   [18]*Salzherren* salt barons, salt merchants   [19]*ausgiebigste* to the *n*th degree   [20]*übermütige* high-spirited
[21]*Harmonikaspieler* concertina player (a concertina is an accordion-like instrument)

Weil nun drei dafür waren, ließ sich der vierte schließlich doch noch überreden.[22] Und gerade als die Kirchturmuhr unten im Dorfe Niederalm Mitternacht schlug, spielten die vier Musikanten ihr erstes Lied.

Kaum waren sie aber damit fertig, erschien im silbernen Mondlicht plötzlich ein wunderschönes Mädchen—vielleicht gar die Tochter des Kaisers? Sie führte sie zum Berg und dann in eine tiefe Höhle. Obwohl sie Angst hatten, gingen sie dem Mädchen nach und kamen in einen großen Saal. Dort saß mit einer Krone auf dem Kopf der Kaiser Rotbart—mit seinem Gefolge. Er schlief und sein langer roter Bart wand sich um den Tisch und glitzerte wie tausend Edelsteine.

„Spielt!" bat das Mädchen.

Zuerst etwas furchtsam, aber dann mit herzhafter Freude spielten die vier wie nie zuvor. Ihre Musik hallte so schwungvoll[23] durch den Kristallpalast, daß der Kaiser aufwachte und sich bewegte. Er wiegte sogar seinen Kopf im Takte mit. Manchmal zwinkerte er den Musikanten zu.[24]

Zu später Stunde hob dann der Kaiser die Hand. Das Mädchen führte sie in einen anderen Saal. Dort war der Tisch für sie gedeckt. Sie aßen nach Herzenslust und tranken aus goldenen Bechern. Und jeder hoffte, vielleicht den sagenhaften Schatz des Kaisers zu sehen—und auf einen kleinen Lohn!

Schließlich brachte das Mädchen die vier nach draußen. Im Licht der Sterne brach sie vier Zweige[25] von einem Baum und reichte jedem einen davon. Dann verschwand sie in der Dunkelheit.

Da standen also die vier Spielleute mit den frischen Zweigen in ihren Händen. Sogar die Blätter waren noch daran. „Und für so einen Geizkragen spielt man sich stundenlang die Seele aus dem Leib", beklagte sich der Geigenspieler und warf enttäuscht den Zweig in die Dunkelheit. „Hätten wir doch lieber geschlafen", schimpfte[26] der Trompetenspieler und der mit der Klarinette spottete: „Und das soll ein Andenken an den großen Rotbart sein?" Und auch er warf den Zweig achtlos[27] ins Gebüsch.

---

[22]*überreden* to convince [23]*hallte so schwungvoll* resounded with verve [24]*zwinkerte... zu* winked at the musicians [25]*Zweige* twigs [26]*schimpfte* scolded, grumbled [27]*achtlos* carelessly

Nur der Harmonikaspieler sagte sich: „Viel ist es ja wirklich nicht, aber doch ein Geschenk des Kaisers. Vielleicht kann ich es einmal meinen Kindern weitergeben." Und er legte den Zweig vorsichtig in seinen Rucksack. Dann folgte er seinen mürrischen Kameraden hinunter in die Stadt Salzburg.

Am Sonntagmorgen, als die Musikanten ihre Feiertagskleider auspackten, fand der Harmonikaspieler den Zweig wieder. Und wie freute er sich, als er sah, daß dieser zu Gold geworden war. Bis zum Lebensende brachte ihm der goldene Zweig Glück. Er ging nach Tirol zurück, wurde ein fleißiger Handwerker und hatte viele Kinder. Und immer, wenn er am Untersberg vorbeikam, spielte er dem schlafenden Kaiser aus voller Seele ein Lied.

Übungen

A. Wählen Sie die richtige Phrase oder das richtige Wort.

1. Barbarossa ist das italienische Wort für

   a. Friedrich.
   b. Rotbart.
   c. St. Barbara.

2. Der Untersberg liegt in

   a. Deutschland.
   b. Salzburg.
   c. Nordhausen.

3. Kaiser Rotbart lebte vor ca. 700 Jahren. Er starb

   a. auf einem Kreuzzug.
   b. zu Hause.
   c. noch immer nicht.

4. Viele Leute glauben, daß der Kaiser

   a. tot ist.
   b. besonders lange Haare hat.
   c. wiederkommen wird.

5. Sowohl im Kyffhäuser als auch im Untersberg bewacht der Kaiser
   a. seine Tochter.
   b. einen Schatz.
   c. seine Bäume.

6. Salzburg war schon vor 700 Jahren bekannt, weil
   a. der Salzhandel viel Geld brachte.
   b. Mozart dort geboren ist.
   c. es dort viele Musikanten gab.

7. Als die Musikanten zu spielen anfingen, war es
   a. Nachmittag.
   b. Mitternacht.
   c. Vormittag.

8. Drei von den vier Musikanten waren enttäuscht, weil
   a. der Kaiser sie mit einem Zweig belohnte.
   b. sie nach dem Spielen müde waren.
   c. sie ihren Lohn achtlos weggeworfen hatten.

9. Die Musikanten spielten die Harmonika, die Geige,
   a. die Trompete und die Klarinette.
   b. die Trommel und die Trompete.
   c. das Klavier und den Dudelsack.

10. Der Harmonikaspieler wurde später
   a. Bauer in Tirol.
   b. Musikant in den Alpen.
   c. Familienvater in Tirol.

B. Welches Wort paßt nicht in die Serie?

1. Taufe   Begräbnis   Hochzeit   Ausflug   Firmung[28]
2. Schwert   Geige   Gitarre   Harmonika   Cello
3. enttäuscht   achtlos   mürrisch   mühsam   herzhaft
4. spielen   werfen   tanzen   singen   pfeifen
5. Gesellen   Kameraden   Ritter   Freunde   Männer

---

[28]*Firmung* confirmation *(religious)*

C. Fragen zum Inhalt

1. Was haben der Kyffhäuser und der Untersberg gemeinsam?
2. Was macht der Kaiser in seiner Höhle?
3. Was erwartet man, wenn man den Kaiser findet?
4. Wann soll der Kaiser wieder aus seiner Höhle kommen?
5. Warum blieben die vier Musikanten nicht in Tirol?
6. Wer bringt die Musikanten zum Kaiser?
7. Wie ist der geschichtliche Kaiser wirklich gestorben?
8. Warum gingen früher junge Männer oft auf „Lehr- und Wanderjahre"?

D. Zum Nachforschen

Suchen Sie in Geschichtsbüchern nach Kaiser Friedrich Barbarossa. Finden Sie einen Zeitgenossen[29] Rotbarts und vergleichen Sie die beiden. Schreiben Sie eine kurze Zusammenfassung auf deutsch von dem, was Sie finden!

---

[29]*Zeitgenossen* contemporary

6 | Der liebe Augustin

Manchmal leben Sagen und Legenden auch in Liedern weiter. Die folgende Sage geht zum Beispiel auf den bekannten Bänkelsänger[1] Max Augustin zurück, der im 17. Jahrhundert in Wien gelebt hat. Man sah ihn meistens dort, wo es am lustigsten war: abends und nachts in den zahllosen Gasthäusern und Tavernen der Stadt. Wenigstens für ein paar Stunden wollten die verzweifelten[2] Einwohner die traurige Wirklichkeit vergessen. Nirgends war man sicher. Die Stadt zu verlassen war fast unmöglich, denn das mächtige Heer der Türken bedrohte[3] die Stadt; zu bleiben war ebenso gefährlich, denn die schwarze Pest[4] ging um, und täglich starben hunderte von Erkrankten. Die Seuche[5] verbreitete sich so schnell, daß man kaum mit dem Begraben der Toten nachkam.[6] Tag und Nacht fuhren Männer durch die Straßen und luden alle Leichen,[7] die sie fanden auf ihre Ochsenkarren und brachten sie zu großen Massengräbern.

---

[1]*Bänkelsänger* ballad singer [2]*verzweifelten* despairing, desperate [3]*bedrohte* threatened
[4]*schwarze Pest* the Black Death, a form of the bubonic plague that killed almost a third of
Europe's population in the Middle Ages [5]*Seuche* epidemic [6]*nachkam* kept up with
[7]*Leichen* corpses

An einem dieser trüben[8] Tage wurde wieder einmal wild gefeiert. Mit Galgenhumor[9] versammelten sich die Leute in der Taverne „Zum Roten Hahn", und sie tranken und sangen wieder einmal so, als ob es diesmal tatsächlich das letzte Mal wäre.[10] Der Wirt kam kaum mit dem Füllen der Gläser nach, so groß war der Durst der Gäste—heute besonders, weil auch der beliebte Sänger Augustin da war. Die Stimmung war bald ausgelassen. Die Lieder wurden lauter und die Pest und die Türken waren schnell vergessen. Mit dem Dudelsack[11] über der Schulter hüpfte Augustin pfeifend durch die Taverne. Die Gäste tanzten und drehten sich mit ihm im Takt. Man lachte und unterhielt sich so gut wie schon lange nicht.

Erst spät nachts und sehr ungern zerstreute sich die Menge.[12] Auch Augustin machte sich auf den Heimweg nach St. Ulrich, einer kleinen Vorstadt von Wien. Auf halbem Weg wurde aber sein unsicherer Schritt so schwer, daß er sich an den Straßenrand hinsetzen mußte, um ein wenig zu rasten. Da schlief er jedoch gleich tief und fest ein.[13]

Nicht lange danach näherte sich einer der Ochsenkarren, voll beladen mit Leichen. Gespenstisch rumpelten und ächzten die Räder durch die finstere Nacht. Einer der Männer stolperte in der Dunkelheit über den totengleich daliegenden Augustin. Ohne viel zu zögern hoben sie ihn auf den Wagen und brachten ihn zu einer der tiefen Gruben. Dort warfen sie ihn mit den anderen Leichen hinein.

Als Augustin nächsten Morgen früh aufwachte, wußte er erst gar nicht, wo er war und was mit ihm geschehen war. Bald merkte er aber, daß man ihn lebendig begraben wollte. Fluchend[14] kroch er über die Leichen und versuchte aus der Grube zu klettern. Das gelang ihm aber nicht. Sie war zu tief. Er pfiff, schrie und spielte sogar seinen Dudelsack, bis er gehört und gerettet wurde.

Den Schrecken[15] dieser Nacht vergaß Augustin nicht so bald. Aber weil er nichts zu ernst nahm, reimte er dieses grauenvolle

---

[8]*trüben* dreary [9]*Galgenhumor* gallows humor [10]*als ob... wäre* as if this time it really were the last time [11]*Dudelsack* bagpipe [12]*zerstreute sich die Menge* the crowd dispersed [13]*schlief... ein* fell asleep [14]*Fluchend* cursing, swearing [15]*Schrecken* terror, scare

Abenteuer zu einer lustigen Geschichte und sang dann mit seinen
Zuhörern das bald weitbekannte Lied:

Oh du lieber Augustin, Augustin, Augustin,
oh du lieber Augustin, alles ist hin!
Geld ist hin, Mensch ist hin,
oh du lieber Augustin, alles ist hin.

Übungen

A. Fragen zum Inhalt

1. Warum konnten die Wiener ihre Stadt nicht verlassen?
2. Warum starben so viele Leute?
3. Welches Instrument spielte Augustin so gut?
4. Was machten die Leute in der Taverne um Spaß zu haben?
5. Wie begrub man die Toten?
6. Welche Tiere zogen die Wagen?
7. Wo wohnte Augustin genau?
8. Wo schlief Augustin in dieser Nacht?
9. Wie hat er sich gerettet?
10. Wie lebte die Geschichte weiter, bis in unsere Zeit?

B. Welcher der folgenden Orte (Plätze) paßt in den Zusammenhang?

Vorort	*Grube*	*Stadt*	*Massengrab*	*Taverne*

1. Die Leute tanzten und sangen in der _____ .
2. Die Männer brachten die Leichen zum _____ .
3. St. Ulrich ist ein _____ von Wien.
4. Am Morgen versuchte Augustin aus der _____ zu klettern.
5. Die Türken waren überall—rund um die ganze _____ .

C. Finden Sie das passende Adjektive für die Substantive:

1. das Heer   a. schwarz
2. der Schritt   b. mächtig
3. die Pest   c. beliebt
4. die Wirklichkeit d. ausgelassen
5. der Sänger   e. unsicher
6. die Grube   f. traurig
7. die Stimmung   g. tief
8. das Abenteuer   h. grauenvoll
9. die Dunkelheit   i. früh
10. der Morgen   j. gespenstisch

D. Zum Nachforschen

Finden und lesen Sie eine zweite Legende in diesem Buch, die im gleichen Jahrhundert stattfindet. Finden Sie mindestens fünf Dinge, die die beiden Geschichten gemeinsam haben und schreiben Sie diese in Form einer kurzen Liste.

7 | Richard Löwenherz oder der Sänger Blondel

*N*ach dem Tode Kaiser
Friedrich Barbarossas
(1190) versuchten der
englische König Richard Löwenherz
und Herzog[1] Leopold von Österreich
die heilige Stadt Jerusalem zu
erobern.[2] Sie stritten sich aber
darüber, wem nun eigentlich der Sieg
über die eroberten Gebiete gehöre.[3]
Löwenherz als der Mächtigere
demütigte[4] Leopold so sehr, daß sie
sich getrennt auf den Heimweg
machten. Der Legende nach sank aber Richards Schiff in der
Adria,[5] und nur er allein konnte sich retten. Verkleidet als Pilger[6]
wollte er nach England zurück. Dazu mußte er aber Leopolds
Reich durchqueren.

Es war ein kalter Winterabend. Löwenherz, der königliche Pilger,
kam zu dem kleinen Dorf Erdberg vor den Mauern der Stadt Wien.
Hier fand er in einer Herberge[7] ein Lager[8] für die Nacht. Niemand
erkannte ihn, als er sich unter die Gäste mengte. Wie die anderen
briet[9] er sich ein Stück Fleisch über einem offenen Feuer. Er drehte

---

[1]*Herzog* duke [2]*erobern* to conquer, to capture [3]*Sie stritten... gehöre.* But they argued about
who was actually responsible for the victory over the captured regions. [4]*demütigte* humiliated
[5]*Adria* Adriatic Sea (between Italy and the former Yugoslavia) [6]*Pilger* pilgrim [7]*Herberge* inn
[8]*ein Lager* a bed for the night, a place to sleep [9]*briet* roasted

und wendete das Fleisch mit dem Spieß. Da blitzte der Diamant an seinem königlichen Ring auf und einer der Landsknechte sagte laut: „Bist du nicht Richard, der König von England?" Alle hörten diese Worte.

Da gab es einen großen Tumult und ein wildes Hin und Her. Löwenherz wollte flüchten, aber die Überzahl der Landsknechte nahm ihn gefangen und legte ihn in Ketten. Sie brachten ihn zu Leopolds Schloß in Wien. „So sehen wir uns also wieder", sagte Leopold, „bringt ihn nach Dürnstein und werft ihn in den Kerker der Festung!"[10] Sein getreuer Diener, Hadmar von Kuenring, führte den Befehl ganz geheim aus.

In England wartete man inzwischen schon ungeduldig auf die Rückkehr des Königs. Niemand wußte, wo er war. Als das Gerücht über seine Gefangennahme durch Europa ging, kamen viele Spione und Boten aus England, um ihren König zu suchen.

Einer dieser Boten war der Sänger Blondel. Er war fest entschlossen seinen Herrn wieder zu finden. Er zog von Schloß zu Schloß, von Burg zu Burg und von Hof zu Hof. Als fahrender Sänger[11] ließ man ihn überall gern herein. Er fand aber keine Spur des Königs. Als er nach vergeblicher Suche in Wien, die Donau entlang wieder nach England zurückgehen wollte, kam er nach Dürnstein. Die Burg stand hoch über der Donau. Blondel stieg hinauf und setzte sich zur Rast vor der Burg hin und spielte seines Königs Lieblingslied. Es schallte traurig über das Tal. Als er wieder still da saß, kam plötzlich wie ein Echo das Lied, das er gerade gesungen hatte, zurück.

Er folgte der Stimme und kam zu einem kleinen Fenster des Kerkers. Er nahm seine Laute[12] und spielte nocheinmal das Lied, und, tatsächlich rief ihm aus dem dunklen Verlies[13] sein König zu: „Geh zurück nach England und bring das Lösegeld!"[14]

Das tat der gute Blondel und alsbald[15] war der König wieder frei.

---

[10]*Kerker der Festung* dungeon in the fortress   [11]*fahrender Sänger* minstrel   [12]*Laute* lute   [13]*Verlies* dungeon, prison cell   [14]*Lösegeld* ransom   [15]*alsbald* forthwith

Übungen

A. Fragen zum Inhalt

1. Welches königliche Symbol hatte Richard Löwenherz bei sich?
2. Zu welcher Jahreszeit kam Löwenherz nach Österreich?
3. Vor welchem Herzog hatte er Angst?
4. In welcher Burg war Löwenherz gefangen?
5. An welchem Fluß liegt diese Festung?
6. Wo schlafen Reisende?
7. Wohin wollte Löwenherz eigentlich gehen?
8. Warum war Löwenherz ganz allein?
9. Was mußte Blondel tun, um seinen Herrn zu finden?
10. Warum ließ man den englischen König schließlich frei?

B. Ergänzen Sie mit dem richtigen Wort.

Sänger	*Donau*	*Fleisch*	*Schloß*
finden	*Pilger*	*Lieblingslied*	*Boten*
übernachten	*Kerker*		

1. Löwenherz war als _____ gekleidet.
2. In einer Herberge in der Nähe von Wien wollte er _____.
3. Zum Abendessen wollte er ein Stück _____ braten.
4. Er sah den Herzog Leopold in seinem _____ in Wien wieder.
5. Hadomar warf Löwenherz in Dürnstein in den _____.
6. Aus England kamen viele _____ um den König zu finden.
7. Blondel war schon lange _____ auf Richards Hof.
8. Blondel suchte lange, konnte aber seinen Herrn nicht _____.
9. Der _____ entlang machte er sich auf den Heimweg.
10. Da sang er noch einmal das _____ des Königs—und fand ihn.

C. Die Reiseroute des Königs

Verfolgen Sie auf einer Landkarte die Reiseroute des Richard Löwenherz von der Adria nach England. Ordnen Sie die Städte in der richtigen geographischen Reihenfolge von 1 bis 10.

1. Würzburg _____
2. Graz _____
3. London _____
4. Dürnstein _____
5. Triest _____

6. Passau _____
7. Wien _____
8. Rotterdam _____
9. Frankfurt _____
10. Köln _____

D. Zum Nachforschen

Die Blondel-Sage entstand eigentlich im 13. Jahrhundert. König Richard I. (Löwenherz, 1157–1199) verbrachte während seiner zehnjährigen Herrschaft über England (1189–1199) nur sechs Monate in seinem Heimatland. Auf dem Heimweg vom 3. Kreuzzug (1189–1192) mußte Richard—wegen seiner Feindschaft mit dem französischen König—über die Adria segeln. Nachdem sein Schiff versank, ging der König über Land nach England—natürlich, wie wir von der Sage wissen, mit einer wesentlichen Unterbrechung. Finden Sie Hinweise über Richard I. und seinen Kreuzzug und beantworten Sie die folgenden Fragen.

1. Wie hoch war das Lösegeld für Richard? Woher kam das Geld?

2. Welche historischen Ereignisse sind anders als die Sage? (z.B., Heinrich VI.)

3. Wann kam Richard endlich in England an? Blieb er lange dort?

4. Man sagt über Richard Löwenherz: „Er war ein sehr guter Soldat aber kein Menschenfreund."[16] Warum?

---

[16]*Menschenfreund* humanitarian

Eine Sage aus Schleswig-Holstein
(Hamburg)

8 | Der Werwolf aus Ottensen

Es gibt viele Sagen über Werwölfe im deutsch-sprachigen Raum. Zum Beispiel, „Der entdeckte Werwolf" von Düsseldorf, „Frau ein Werwolf" von der Ostsee-Insel Usedom in der Pommerschen Bucht, „Werwölfe in der Heide" aus Niedersachsen, und „Der Werwolf am Baumstumpf"[1] aus Ostpreußen (heute Polen) haben alle ein gemeinsames Leitmotiv:[2] den Kampf zwischen GUT und BÖSE. Werwölfe haben „zwei Seelen in einer Brust" (nach Goethe). Der Streit zwischen diesen beiden Extremen ist das Grundthema der Werwolfgeschichten.

Aus dem besten Menschen kann also eine reißende Bestie[3] werden—manchmal zwar nur als ahnungsloses Opfer, oft aber sehr bewußt durch das Umschnallen eines sogenannten Werwolfsgürtels. Und wie schützt man sich gegen Werwölfe? Ganz einfach! Die Antwort ist in der folgenden Sage zu finden.

---

[1]*Baumstumpf* tree stump   [2]*Leitmotiv* leitmotif (common, repeated theme)   [3]*reißende Bestie* ferocious beast

Im Dorf Ottensen bei Altona lebte einst ein armer Bauer. Er war so arm, daß er schließlich dem Teufel seine Seele verkaufte. Er wurde zwar schnell reich, doch mußte er einen hohen Preis dafür bezahlen: am letzten Tag jedes Monats mußte er dem Teufel eine Seele bringen. Dazu band er sich den Gürtel um und mußte dann als Werwolf einen Menschen töten. Das tat er auch lange Zeit und niemand verdächtigte[4] ihn.

Wiedereinmal war es der letzte Tag des Monats. Der Bauer stand hinter einer Tür und wollte gerade eine alte Frau anfallen. Die schlug aber die Tür zu und so heftig auf seinen Kopf, daß er fast ohnmächtig umfiel.[5] Die Alte dachte er sei tot und lief um Hilfe. Doch der Werwolf stand nach einer Weile auf und lief schnell davon.

Da kam in der Nacht der Teufel zum Bauern. „Du hast dein Versprechen nicht gehalten," knurrte er. „Mach dich bereit, diesmal nehme ich dich selbst mit!" Der Bauer bettelte aber solange bis der Teufel nachgab: „Wenn du mir noch vor dem Ende des Jahres deine eigene Tochter bringst, dann soll es wieder gut sein!" Der Bauer war widerwillig[6] damit einverstanden und momentan froh, den Teufel los zu sein.

Das Jahr verging schnell. Der Tag der Abrechnung kam immer näher. Schließlich war der letzte Tag des Jahres da. Der Bauer und die Tochter waren allein im Feld, als die Kirchenglocke zum Feierabend rief.

„Jetzt oder nie", dachte der verzweifelte Bauer und schnürte seinen Riemen[7] um. Mit Entsetzen sah das Mädchen, wie ihr Vater sich in ein schreckliches Monster verwandelte. Schon hatte der Werwolf sie fast in seinen Pranken, als dem Mädchen das einzige Gegenmittel einfiel. Sie schrie so laut sie konnte dreimal den Taufnamen[8] ihres Vaters: „Silvester, Silvester, SIL-VES-TEEER!" Und wirklich, das wilde Biest wurde sogleich wieder zum lammfrommen[9] Bauern. Panisch lief die Tochter zum Dorf, packte ihre Sachen und

---

[4]*verdächtigte* suspected [5]*ohnmächtig umfiel* fell unconscious [6]*widerwillig* unwillingly, reluctantly [7]*Riemen (= Gürtel)* belt [8]*Taufname* baptismal name, first name [9]*lammfrommen* gentle as a lamb

ging nach Hamburg. Sie erzählte niemand von ihrem schrecklichen Erlebnis.

Noch in derselben Nacht kam der Teufel wieder zum Bauern und verlangte die Seele dessen einzigen Sohnes. „Jetzt gleich, und ohne Widerrede", zischte er den Bauern an.

Kurz entschlossen gehorchte dieser dem Teufel.

Er hatte aber nicht bemerkt, daß seine Frau die Greueltat gesehen hatte. Die Bauersfrau verließ noch in derselben Nacht Haus und Hof. Sie verschwand für den Rest ihres Lebens in einem Kloster.[10]

In Ottensen wußten nun die Leute, daß es im Haus des Bauern nicht mit rechten Dingen zuging.[11] Niemand wollte mehr mit ihm etwas zu tun haben. So verkaufte er seinen Besitz und zog nach Hamburg. Dort mietete er ein Zimmer in einer Herberge und wollte unerkannt als Werwolf weiterleben.

Er wußte aber nicht, daß zufällig in dieser Herberge seine Tochter eine Arbeit als Dienerin gefunden hatte. Da sie älter geworden war, erkannte sie der Bauer nicht mehr. Sie aber wußte gleich, wer er war und ließ ihn nicht für einen Moment aus den Augen. Mehr als Rache, wollte sie endlich ihren Frieden finden.

Als der letzte Tag des Monats kam, holte sie die Wache[12] und brachte sie zum Zimmer ihres Vaters. Wie erwartet, hatte der sich schon in einen Wolf verwandelt. Wieder rief sie: „Silvester, Silvester, SIL-VES-TEEER!" Und gleich nachdem er wieder zum Menschen geworden war, nahm man ihm den Gürtel weg und warf ihn in das tiefste Gefängnis der Stadt. Dort blieb er nicht lange. Am nächsten Morgen war der Kerkermeister sehr erstaunt, als er die Zelle des neuen Gefangenen leer sah. Er konnte nicht wissen, daß ihn endlich der Teufel geholt hatte.

---

[10]*Kloster* convent [11]*daß es... zuging* that all was not in order, something fishy was going on [12]*die Wache (= die Polizei)* police

Nicht ganz so ernst[13]
Der Werwolf
von Christian Morgenstern (1871–1914)

Ein Werwolf eines Nachts entwich[14]
von Weib und Kind und sich begab
an eines Dorfschullehrers Grab
und bat ihn: „Bitte, beuge mich!"[15]

Der Dorfschulmeister stieg hinauf
auf seines Blechschilds Messingsknauf[16]
und sprach zum Wolf, der seine Pfoten
geduldig kreuzte vor dem Toten:

„Der Werwolf",—sprach der gute Mann,
„des Weswolfs, Genitiv sodann,
dem Wemwolf, Dativ, wie man's nennt,
den Wenwolf,—damit hat's ein End."

Dem Werwolf schmeichelten[17] die Fälle,
er rollte seine Augenbälle.
„Indessen", bat er, „füge[18] doch
zur Einzahl auch die Mehrzahl noch!"

Der Dorfschulmeister aber mußte
gestehn,[19] daß er von ihr nichts wußte.
Zwar Wölfe gäb's in großer Schar,
doch „Wer" gäb's nur im Singular.

Der Wolf erhob sich tränenblind[20]—
er hatte ja doch Weib und Kind!!
Doch da er kein Gelehrter eben,[21]
so schied er dankend und ergeben.[22]

---

[13]*Nicht... ernst* On the lighter side   [14]*entwich* escaped   [15]*beuge mich* decline me (grammatically)   [16]*Messingsknauf* brass knob   [17]*schmeichelten* flattered   [18]*füge* add (to)   [19]*gestehn* admit   [20]*erhob sich tränenblind* got up blinded by tears   [21]*Doch... eben,* But since he wasn't exactly a scholar,   [22]*schied... ergeben* he departed thankfully and humbly

Übungen

A. Wählen Sie die richtige Phrase.

1. Der Bauer verkaufte dem Teufel seine Seele, weil
   a. er reich werden wollte.
   b. der Teufel arm war.
   c. er den Teufel nicht mochte.

2. Um ein Werwolf zu werden, muß ein Mensch
   a. dreimal seinen Taufnamen sagen.
   b. einen besonderen Riemen umschnallen.
   c. einen Menschen töten.

3. Mit „zwei Seelen in einer Brust" meint man eigentlich
   a. Goethe und den Teufel.
   b. Gut und Böse.
   c. widerwillig und einverstanden.

4. Das erste Opfer, das der Bauer nicht töten konnte, war
   a. seine Tochter.
   b. sein Sohn.
   c. eine alte Dame.

5. Der Bauer erkannte seine Tochter in Hamburg nicht, weil
   a. er nicht sehr klug war.
   b. sie aufgewachsen war.
   c. er älter geworden war.

B. Fragen zum Inhalt

1. Was für ein Leitmotiv haben Sagen über Werwölfe gemeinsam?
2. Wie wurde der Bauer plötzlich reich?
3. Wie wurde der Bauer zum Werwolf?
4. Was für einen Preis verlangte der Teufel für die Seele des Bauern?
5. Warum hat die alte Frau die Tür zugeschlagen?
6. Wieviele Kinder hatte der Bauer?
7. Warum verließ ihn schließlich seine Frau?

8. Warum wollte der Bauer nicht mehr in Ottensen bleiben?
9. Wo fand der Bauer ein neues Zuhause und was passierte dort?
10. Was geschah am Ende mit dem Gürtel und mit dem Bauern selbst?

C. Welches Wort paßt nicht?

1. Vater   Tochter   Sohn   Tante   Bauer
2. Haus   Buch   Hof   Herberge   Kloster
3. knurren   hören   zischen   schreien   rufen
4. lammfromm   panisch   reißend   wild   verzweifelt
5. Hamburg   Ottensen   Herberge   Altona   Düsseldorf

D. Welche Phrasen passen zusammen?

1. Er verkaufte seine Seele,
2. Wenn man den Taufnamen weiß,
3. Er band sich den Gürtel um
4. Aus dem Vater
5. Der Bauer und die Tochter
6. Sie nahm ihre Kleider und
7. Sie wollte endlich ihren
8. Der Vater mußte
9. Die Tochter arbeitete jetzt
10. Am Ende verschwand der Bauer

a. und wurde zum Werwolf.
b. wurde ein wildes Biest.
c. Frieden finden.
d. kann man sich schützen.
e. in einer Herberge in der Stadt.
f. weil er reich sein wollte.
g. seinen Sohn anfallen.
h. zog nach Hamburg.
i. aus dem Kerker.
j. arbeiteten auf dem Feld.

E. Finden Sie im Text die Gegenteile der folgenden Wörter.

1. lang
2. reißend
3. leise
4. alle
5. voll
6. Mann
7. jünger
8. höchste
9. erste
10. kompliziert

F.   Zum Nachforschen

1. Finden Sie die andere Sage in diesem Buch, die auch das Thema des „faustischen Geschäftes"[23] behandelt, dann vergleichen Sie das Ende beider Sagen. Diskutieren Sie die Unterschiede!

2. Welche anderen Geschichten kennen Sie, in denen der Wolf die böse Rolle spielt?

---

[23] *faustischen Geschäftes* Faustian business (the business of selling one's soul to the devil)

9 | Wie die Städte zu ihren Namen kamen

ür viele deutsche Städte gibt es eine Sage, die „erklärt", wie die Stadt ihren Namen bekommen hat. Es folgen hier Sagen für sechs Stadtnamen. Einige der Sagen sind auch sogenannte „Karlsagen"—Sagen die mit Karl dem Großen[1] zu tun haben.

Altona

(Schleswig-Holstein, Hamburg)

Altona ist heute ein Stadtteil von Hamburg. Früher aber lag Altona auf einem Hügel in der Nähe von Hamburg. Dort standen vor vielen Jahren nur einige Hütten. Einmal saßen ein paar reiche Hamburger zusammen. Es war ihnen ein bißchen langweilig. Da sagte einer: „Schließen wir eine Wette ab![2] Wenn wir nur wollten, könnten wir mit unserem eigenen Geld genauso eine Stadt wie Hamburg erbauen."

Gesagt, getan. Um zu wissen, wo diese Stadt sein sollte, banden sie einem Waisenknaben[3] die Augen zu. Dann ließen sie ihn gehen. Wo er zuerst hinfiele, genau dort sollte die neue Stadt stehen. Der Knabe ging los und kam schnell von Hamburg in das Land Holstein. Wie er nun zum Hügel kam, stolperte er und fiel nieder. Da riefen aber die Hamburger: „Dat ist ja all to na!"[4] Aber sie mußten ja

---

[1]*Karl der Große* Charlemagne (ca. 742–814), king of the Franks, was crowned Holy Roman Emperor in A.D. 800 [2]*Schließen... ab!* Let's make a bet! [3]*Waisenknaben* orphan boy [4]*Dat is ja all to na!* (dialect for *Das ist ja allzu nah!*) That's much too close.

ihr Wort halten. Das erste Haus wurde an dieser Stelle gebaut und die neue Stadt bekam den Namen Altona.

Aschaffenburg
(Bayern)

Das Gebiet in der Nähe der heutigen Stadt Aschaffenburg war einmal ein großer Wald. Die erste Ansiedlung[5] wurde immer größer und so brauchte man immer mehr Land zum Ackerbau.[6] Aber den dichten Urwald[7] nur mit der Axt zu fällen, war den Ansiedlern zuviel Arbeit. Sie brannten deshalb den Wald einfach nieder. Bald standen im Aschafftal fast keine Bäume mehr. Überall lag die Asche so dick, daß sogar der Bach ganz damit bedeckt war. Die Ansiedler nannten ihn deshalb *Ascaffa* in Althochdeutsch,[8] heute *Aschaff.* Das heißt eigentlich *Aschenbach.* Dieser Bach floß schon damals durch die Stadt (Burg). Daher heißt die Stadt heute Aschaffenburg.

Bielefeld
(Nordrhein-Westfalen)

Nicht immer ist der Ursprung[9] von Ortsnamen einfach zu erklären. Für Bielefeld gibt es zum Beispiel mehrere Erklärungen:

- Einmal war auch diese Gegend mit Wald bedeckt. Beim Bau der Stadt mußten die Bäume deshalb mit Bielen (Beilen[10]) gefällt werden, um ein Feld zu schaffen. Daher der Name: *Biele + Feld = Bielefeld.*
- Eine zweite Version geht auf den Waldgott Biel zurück. An dem Ort, wo man ihn verehrte,[11] stand sein Bild im Feld. Als dort eine Ansiedlung entstand, nannte man sie einfach Bielefeld.
- Eine dritte Volkssage über Bielefeld erzählt, daß man ein Stadttor baute. Ein Arbeiter am Tor ließ sein Beil fallen. Um die Leute unten zu warnen, schrie er: „Dat Beil dat fällt!" Und davon soll die Stadt ihren Namen haben.

---

[5]*Ansiedlung* settlement [6]*Ackerbau* farming [7]*Urwald* virgin forest [8]*Althochdeutsch* Old High German [9]*Ursprung* origin [10]*Beilen* hatchets [11]*verehrte* worshipped

Frankfurt
(Hessen)

Karl der Große führte Krieg gegen die heidnischen Sachsen.[12] Aber der Krieg lief nicht immer, wie er wollte. Einmal wurden die Franken[13] von den Sachsen geschlagen und bis an den Main zurückgetrieben. Dort gab es leider keine Boote oder Brücken, um den Fluß zu überqueren. Noch dazu war dicker Nebel.[14] Es war unmöglich, einen Weg über den Main zu finden.

Da fiel Karl der Große auf die Knie und bat Gott um Hilfe. Und wirklich, der Nebel teilte sich und König Karl sah ein Reh mit seinem Jungen durch den Fluß waten. Die Franken nahmen sogleich diese Furt[15] und sammelten sich auf der anderen Seite des Flusses. Als die Sachsen zum Fluß kamen, war der Nebel dichter als zuvor. Sie konnten die Franken nicht sehen. Diese Verwirrung nutzte Karl sofort aus. Er stürmte mit seinen Soldaten über den Main zurück und besiegte die Sachsen.

An dieser Stelle gründete Karl der Große eine Stadt und nannte sie *Franken Furt* oder Frankfurt.

Köpenick
(Berlin)

Als der Ort Köpenick noch keinen Namen hatte, versuchte dort einmal ein Fischer im Müggelsee[16] sein Glück. Mit seinem Netz fing er einen großen Krebs.[17] Der konnte sprechen und sagte: „Ich mache dich reich, aber du darfst mich nicht hier verkaufen. Das darfst du nur auf der anderen Seite der Spree."[18] Dem Fischer war es recht und er versprach es. Als er aber zum Markt kam, vergaß er sein Versprechen. Gerade als er das Tier verkaufen wollte, rief der Krebs im Berliner Dialekt: „Köp nich, köp nich!"[19] Der Käufer lief erschrocken davon. So hielt nun der Fischer das Versprechen und ruderte mit

---

[12]*heidnischen Sachsen* heathen Saxons   [13]*die Franken* the Franks, an important tribe that later split into eastern (Germanic) and western (Gallic, French) sections, thereby giving both France (Frankreich) and Franconia (Franken) their names   [14]*Nebel* fog   [15]*Furt* ford, river crossing   [16]*Müggelsee* lake in eastern section of Berlin, near Köpenick   [17]*Krebs* crayfish   [18]*die Spree* a river in Berlin   [19]*Köp nich!* (dialect for *Kauf [mich] nicht!*) Don't buy (me).

seinem Fang auf die andere Seite der Spree nach Stralau. Dort verkaufte er den Krebs für soviel Geld, daß er zum reichen Mann wurde.

Jedes Jahr am 24. August gibt es in Stralau eine Parade, den Fischzug. Da wird immer ein großer Krebs mitgeführt. Den Heimatort des Fischers aber nannte man seitdem Köpenick, nach dem, was der Krebs damals gerufen hatte.

Minden
(Nordrhein-Westfalen)

In der sächsischen Chronik[20] kann man die folgende Geschichte lesen. Widukind, der erste christliche Fürst[21] in Sachsen, wollte Karl dem Großen seinen guten Willen zeigen. Er lud den neuen Bischof ein, bei ihm in seinem Schloß Visingen an der Weser zu wohnen. Das Schloß war groß genug, daß der Bischof und der Fürst beide dort bequem wohnen konnten. So sagte Widukind zum neuen Bischof: „Mein Schloß soll von heute an rechtmäßig[22] mein und dein sein." So nannte man das Schloß im damaligen sächsischen Dialekt *Myndyn* (meindein). Mit der Zeit wurde aber daraus *Mynden*. Heute schreibt man es *Minden*.

Übungen

A. Ergänzen Sie mit der richtigen Antwort.

1. Altona ist heute eine Stadt in der Nähe der Stadt _____.
2. „Köp nich!" ist Berliner Dialekt. Auf hochdeutsch würde man sagen: „_____!"
3. Die Weser fließt bei Bremen in die Nordsee. Vorher aber fließt sie durch die Stadt _____.
4. Karl der Große führte viele Kriege gegen die _____.

---

[20]*Chronik* chronicle [21]*Fürst* prince [22]*rechtmäßig* rightfully

5. Wenn man Bäume verbrennt, bleibt viel _____ übrig.
6. Für die Stadt _____ gibt es mindestens drei Erklärungen für den Namen.

B. Fragen zum Inhalt

1. Warum verkaufte der Fischer den Krebs nicht am Müggelsee? Wo verkaufte er ihn am Ende?
2. Welche der „Städtesagen" sind auch „Karlsagen"?
3. Warum lud Fürst Widukind den Bischof ein, bei ihm zu wohnen?
4. Wie bekam Aschaffenburg seinen Namen?
5. Welchen Gott verehrte man in der vorchristlichen Zeit in der Gegend, wo man heute die Stadt Bielefeld findet? Wie verehrte man ihn?
6. Wie entdeckte Karl der Große die Furt im Main? Warum war Karl an diesem Fluß?
7. Wo findet der Fischzug statt? Wann?
8. Finden Sie zwei Ausdrücke im Dialekt! Außer Köpenick, welche Städte bekamen ihre Namen durch Dialekt-Ausdrücke?
9. Wie entstand Altona? Wo findet man Altona heute?

C. Welche Stadt ist gemeint?

1. Jetzt war der Fürst kein Heide mehr.
2. Im Wasser gibt es nicht immer nur Fische!
3. Alles Wasser ist nicht tief.
4. Schalentiere[23] sprechen sonst nie.
5. Wenn man keine Eltern hat, muß man viel erdulden.
6. Im Wald kann man nichts pflanzen.
7. Geben ist besser als Nehmen. Gerechte Teilung ist aber am besten.
8. Feuer und Wasser

---

[23]*Schalentiere* crustaceans

D. Fragen zum Diskutieren (mündlich oder schriftlich)

1. Welche Sagen klingen eher „historisch" und welche nicht? Warum?
2. Welche der sechs Sagen gefällt Ihnen am besten? Warum?
3. Aus welchen Gründen erfand man vielleicht solche Legenden?
4. Wie unterscheiden sich die historischen Fakten über die Gründung von Frankfurt am Main von der Sage? (Auch für andere Städte.)
5. Allein oder als Partnerarbeit, erfinden Sie eine eigene Sage über den Namen Ihrer Heimatstadt oder einer anderen Stadt in der Nähe!

E. Zum Nachforschen

Mit Atlas, Lexikon oder Reiseführer versuchen Sie die folgenden Ortsnamen zu finden, die man vielleicht selbst erklären kann.

1. Salzburg
2. München
3. Düsseldorf
4. Bodensee
5. Straßburg
6. Zugspitze (Berg)
7. Innsbruck
8. Baden (und Baden-Baden)
9. Sankt-Bernhard-Paß
10. Karlsruhe

Eine Sage aus Sachsen-Anhalt
(Magdeburg)

10 | Nixenliebe

Wassernixen, Meerjungfrauen, Wassermänner[1]— das Unbekannte in den dunklen Tiefen der Gewässer hat die Menschen schon immer fasziniert. Von Osten nach Westen und von Süden nach Norden—und nicht nur im deutschsprachigen—Raum hört man immer wieder die Geschichten der Begegnung dieser entgegengesetzten Welten. Und das geht nicht unbedingt gut aus.

Vor vielen hundert Jahren kam in Magdeburg ein wunderschönes Mädchen zu jedem wöchentlichen Markttag. Niemand wußte, woher sie kam. Auch ihr Name und ihre Herkunft[2] waren unbekannt.

Sie war groß und schlank. Ihre Augen waren grün wie das Wasser der Elbe und ihre Haare lang und blond. Sie trug immer wasserfarbene Kleider, die mit Edelsteinen so geschmückt[3] waren, daß sie in der Sonne wie Wassertropfen glänzten.

Sie kam immer ganz allein. In den Armen trug sie einen Korb aus geflochtenem Schilf.[4] Und was sie kaufte, legte sie da hinein: Obst, Gemüse, Brot und Fleisch. Nachdem sie eingekauft hatte, ging sie wieder beim Stadttor hinaus und verschwand dann in den Wiesen am Ufer der Elbe. Wegen ihrer stolzen Haltung und Schweigsamkeit[5] sprach man sie nie an, obwohl sich aber in den

---

[1]*Wassernixen... Wassermänner* water sprites, mermaids, mermen [2]*Herkunft* (place of) origin
[3]*mit... geschmückt* decorated with precious stones [4]*Schilf* reed(s) [5]*Wegen... Schweigsamkeit*
Because of her proud bearing and aloofness

letzten Wochen einige junge Männer länger als nötig am Markt herumtrieben.[6]

Besonders Johannes, einer der jungen Burschen,[7] war so bezaubert von diesem bildhübschen Mädchen, daß er Tag und Nacht an sie dachte. Aber nur an sie zu denken, wurde ihm zu lange. So wartete er jetzt jeden Markttag am Stadttor und grüßte sie mit einer tiefen Verneigung. Das Mädchen grüßte höflich zurück, ging aber ruhig weiter zum Markt. Mehrere Monate lang änderte sich nichts.

Dann kam der Frühling. Der Mut und die Sehnsucht[8] des jungen Johannes wuchs, bis er endlich wagte das Mädchen anzusprechen. Sie war freundlicher, als er zu hoffen gewagt hatte. Und sie erlaubte ihm sogar, sie ein Stück auf dem Weg zu begleiten. Auf seine ungeduldigen Fragen über ihren Namen oder ihre Herkunft wollte sie erst nichts sagen. Je öfter sie aber miteinander sprachen, umso offener wurde das Mädchen. Eines Tages erzählte sie ihm dann ihre Geschichte.

„Ich bin Alba, die Tochter des Elbkönigs", sagte sie, „und ich wohne bei meinem Vater und meinen Brüdern in einem herrlichen Schloß tief unten in der Elbe. Ich darf einmal in der Woche unter die Menschen. Da kaufe ich am Markt, was wir brauchen. Meine Familie ist sehr gut zu mir—aber auch sehr streng.[9] Ich darf auf gar keinen Fall je mit den Menschen sprechen. Jetzt weißt du, wer ich bin. Und nun ist es vielleicht besser, wenn wir uns niemals wiedersehen."

Das war aber leichter gesagt als getan. „Alba, ich liebe dich doch, und ich kann mit keiner anderen mehr glücklich sein!" beschwörte[10] sie Johannes. „Bleib bei mir und werde meine Frau! Wenn auch du mich liebst, wird bestimmt alles gut. Dein Vater und deine Brüder wollen sicher, daß du glücklich wirst."

„Ach Johannes", flüsterte die schluchzende[11] Nixe, und berührte scheu seine Wangen, „nichts wäre mir lieber. Aber mein Vater will nicht, daß ich unser Schloß für immer verlasse!"

„Dann werde eben ich die Stadt hier verlassen und mit dir im

---

[6]*herumtrieben* knocked about, hung out at *(coll.)* [7]*Burschen (= Junge)* young man
[8]*Sehnsucht* longing, yearning [9]*streng* strict [10]*beschwörte* implored [11]*schluchzende* sobbing

tiefen Wasser der Elbe leben", drängte der Jüngling, nahm das Mädchen in die Arme und küsste sie.

Das Mädchen weinte große wasserhelle Tränen und versprach: „Ich werde meinen Vater und meine Brüder fragen. Aber es wird sehr schwer sein." Darauf ging sie zum Ufer und stieg in den Fluß. Dort drehte sie sich nocheinmal um und sagte: „Bleib du am Ufer hier und warte eine Weile. Wenn aus dem Wasser ein roter Apfel auftaucht, so geh mir einfach nach. Wird das Wasser aber rot, so haben meine Brüder meine Ungehorsamkeit[12] bestraft und mich getötet. Dann geh zurück in die Stadt und vergiß mich!"

Der junge Mann konnte nichts anderes tun als warten. Sein Herz klopfte ihm bis zum Hals. Lange Zeit geschah nichts. Dann fing der Fluß an, sich unruhig zu bewegen, Wellen glucksten[13] und schlugen ans Ufer—und blutrot stieg das Wasser plötzlich aus der Tiefe.

Verzweifelt und machtlos lief der Jüngling am Ufer hin und her und rief vergeblich nach der Geliebten. Tief in seinem Herzen wußte er aber, daß es zu spät war.

Johannes wurde, wie sein Vater, ein erfolgreicher Kaufmann.[14] Er heiratete nie. Aber jedesmal, wenn er auf einer Geschäftsreise die Elbe überquerte, stand er auf der Brücke und seine Tränen vermischten sich mit den leise murmelnden Wellen des Flusses.

Übungen

A. Fragen zum Inhalt

1. Wie sind Nixen anders als Menschen?
2. Welche Farben gefallen dem Mädchen?
3. Wie oft ist Markttag in Magdeburg?

---

[12]*Ungehorsamkeit* disobedience [13]*Wellen glucksten* the waves gurgled [14]*Kaufmann* merchant

4. Wie sieht Alba aus?
5. Was trägt sie jeden Markttag nach Hause?
6. Wo schläft das Mädchen?
7. Wer sind ihre Verwandten?
8. In welcher Jahreszeit spricht Johannes mit Alba?
9. Wie wissen wir, daß Alba den jungen Mann liebt?
10. Was wurde aus Johannes?

B. Finden Sie die Gegenteile dieser Wörter.

1. groß
2. schlank
3. freundlich
4. wunderschön
5. streng
6. schwer
7. scheu
8. tief
9. länger
10. hell

C. Finden Sie in der Sage einen Ausdruck für die folgenden Wörter oder Phrasen.

1. zusammen
2. gar nicht
3. Information geben
4. weggehen
5. einsam
6. dürfen
7. wohnen
8. sicherlich
9. weinen
10. passieren

D. Ordnen Sie die sieben Sätze chronologisch richtig.

1. Sie sagte ihm endlich ihren Namen. ____
2. Die jungen Männer der Stadt sahen das Mädchen am Markt. ____
3. Das Mädchen stirbt. ____
4. Er ging mit ihr ein Stück des Weges. ____
5. Das Mädchen kam ohne Freunde zum Markt. ____
6. Der Sohn eines Kaufmannes verliebte sich in das Mädchen. ____

E. Kategorien

Heute ist Markttag. Schreiben Sie eine Liste von je fünf Lebensmitteln, die zu der folgenden Kategorien passen:

1. Gemüse:
2. Obst:
3. Fleisch:
4. Fisch:
5. Geflügel:

11 | Der Golem

Ein Menschenbild aus Ton,[1] das die Juden von ihren Verfolgern[2] befreien sollte— das war der Golem. Die Golem-Legende stammt aus der jüdischen Tradition des deutschen Osten. Die Juden litten oft unter Verleumdungen[3] und falschen Anklagen. Der Golem war eine Art Schreckgespenst, das den Juden in schlechten Zeiten helfen konnte.

Mit übermenschlicher Kraft ging der große, stumme Golem durch die Strassen von Prag, um das Böse zu bekämpfen und den Juden der Stadt zu helfen. Aber wie die meisten Ungeheuer[4] in der Geschichte, konnte sich dieses Monster auch gegen seine Schöpfer wenden.

Die Golem-Figur war auch eines der ersten Monstren in der Film-Geschichte. Der erste filmische „Golem" erschien 1915 in Deutschland. Fünf Jahre später spielte der deutsche Regisseur[5] Paul Wegener die Rolle des Golems in seinem Stummfilm „Der Golem, wie er in die Welt kam" (1920). Diesen Film halten viele Filmhistoriker für einen Klassiker des deutschen Expressionismus. Eine modernere britische Version kam 1967 in die Kinos. Roddy McDowall spielte in „It" den Besitzer des statuenhaften Golems. Es gab auch eine Episode der berühmten Fernsehserie „Akte X",[6] die mit einem „Golem" zu tun hatte. Vieles in

---

[1]*Menschenbild aus Ton* human-like figure made out of clay [2]*Verfolgern* persecutors
[3]*Verleumdungen* defamatory statements, slander [4]*Ungeheuer* monsters [5]*Regisseur* film director
[6]*„Akte X"* "The X-Files"

*der „Akte X"-Version kam aus dem Wegener Film von 1920, der
der folgenden Sage nicht immer ganz treu war.*

Im Prag des 16. Jahrhunderts lebte der Rabbi Juda Arje Löw, der
auch der oberste Richter der Gemeinde war. Der gute Rabbi wollte
sein Volk vor den Verfolgungen der Zeit schützen. Er bat den Himmel um Hilfe. Eines Nachts wurde ihm im Traum gesagt, wie er den
Juden von Prag helfen konnte. Eine Stimme sagte: „Mache ein
Menschenbild aus Ton, und du wirst das Böse zerstören!" Im Traum
hörte der Rabbi auch, daß alle vier Elemente zur Erschaffung des
Golems notwendig waren: Erde, Wasser, Feuer und Luft. Am nächsten Tag rief der Meister zwei Helfer zu sich: seinen Eidam[7] und
seinen ältesten Schüler. Er selbst würde die Kraft des Windes
verkörpern,[8] der Eidam diente als Sinnbild[9] des Feuers, der Schüler
als das des Wassers. Die drei durften aber kein Wort über das, was
sie machten, verlieren. Sie müßten sich auch sieben Tage lang auf
die schwere Aufgabe vorbereiten.

   Als die sieben Tage vorbei waren, schlichen sich[10] die drei um
die vierte Stunde nach Mitternacht zur Moldau,[11] außerhalb der
Stadt. Dort am Ufer fanden sie Lehm,[12] aus dem sie eine mensch-
liche Figur kneteten.[13] Sie formten Hände, Füße und Kopf. So entstand der Golem. Er maß drei Ellen.[14] Die drei Männer stellten sich
an das Fußende der leblosen Tonfigur. Der Rabbi befahl seinem Eidam, siebenmal um den Golem zu schreiten und dabei eine beson-
dere Formel herzusagen. Als der Schwiegersohn dies getan hatte,
begann die Tonfigur rot zu glühen.

   Dann befahl der Rabbi seinem Schüler, ebenfalls siebenmal um
die glühend heiße Figur zu gehen und einen anderen Spruch zu
sagen. Da kühlte sich die Glut ab, der Körper dampfte[15] und—siehe
da!—Haare wuchsen aus dem Kopf, Finger und Zehen hatten plötz-

---

[7]*Eidam* son-in-law   [8]*verkörpern* embody   [9]*Sinnbild* symbol   [10]*schlichen sich* snuck (out)
[11]*Moldau* river in Prague   [12]*Lehm* mud   [13]*kneteten* kneaded   [14]*drei Ellen* 3 ells; the ell is an
old unit of length measuring approximately a yard   [15]*dampfte* steamed

lich Nägel! In wenigen Minuten sah der Körper des Golems wie der eines etwa dreißigjährigen Mannes aus. Als der Rabbi nun selbst siebenmal um das Gebilde ging, sprachen die drei Männer zusammen den Satz aus der Schöpfungsgeschichte:[16] „Und Gott blies ihm den lebendigen Odem[17] in die Nase, und der Mensch ward zur lebendigen Seele."

Der Golem öffnete die Augen. Rabbi Löw sagte: „Steh auf!" Nachdem der Golem da vor ihnen stand, zogen ihm die Männer Kleider und Schuhe an. Dann sprach der Rabbi zu dem neuen Wesen: „Hör gut zu! Wir haben dich aus dem Staub der Erde geschaffen, damit du unser Volk vor seinen Feinden beschützt. Ich nenne dich Joseph; du wirst bei mir wohnen und mein Diener sein. Du mußt mir gehorchen und alles tun, was ich auch sage. Wenn ich dir befehle, durchs Feuer zu gehen, ins Wasser oder von einem hohem Turm zu springen, dann tu es!" Der Golem nickte. Er schien zu verstehen, was ihm der Rabbi sagte. Aber er konnte nicht reden.

Obwohl nur drei Menschen das Haus des Rabbi verlassen hatten, kamen vier zurück. Um das zu erklären, sagte der Rabbi seinen Hausgenossen,[18] daß er einen netten Bettler[19] als Diener nach Hause gebracht habe.

Der Golem saß meistens bewegungslos in einer Ecke der Stube. Der Rabbi schickte ihn immer dorthin, wo er den Juden Prags helfen konnte. Wenn es aber wichtig war, daß niemand den Golem sehen sollte, hängte ihm der Rabbi ein Amulett aus Hirschhaut[20] um, mit einer Zauberformel darauf. Das machte den Golem unsichtbar.

Als nach einiger Zeit die Verfolgungen der Juden vorbei waren, beschloß der Rabbi, dem Golem seinen Lebensgeist wieder zu nehmen. Die drei Männer wiederholten ihre Rituale, diesmal aber in umgekehrter Ordnung. Nach der siebente Umkreisung wurde der Golem wieder zu einem leblosen Klumpen Ton. Man zog ihm die Kleider aus, wickelte ihn in alte Gebetsmäntel[21] und legte ihn unter einen Haufen alter Bücher auf den Dachboden[22] des Hauses.

Dort soll er heute noch liegen—solange, bis er wieder gebraucht wird.

---

[16]*Schöpfungsgeschichte* story of creation   [17]*Odem* (= *Atem*, archaic term) breath
[18]*Hausgenossen* house mates, others in the house   [19]*Bettler* beggar   [20]*Hirschhaut* deerskin
[21]*Gebetsmantel* prayer shawl   [22]*Dachboden* attic

Übungen

A. Fragen zum Inhalt

1. Warum brauchte der Rabbi den Golem?
2. Welche vier Elemente sind für die Schaffung des Golem nötig?
3. In welchem heutigen Land spielt diese Geschichte? Zur welcher Zeit?
4. Wer half dem Rabbi bei seiner Arbeit?
5. Woraus machten sie den Körper des Golem?
6. Welche Zahl ist wichtig, wenn man einen Golem schafft?
7. Was kann ein Golem nicht?
8. Wie erklärte der Rabbi seinen Nachbarn die Existenz des Golem?
9. Wie groß war der Golem ungefähr in Fuß *(feet)*?
10. Was war die Aufgabe des Golem?
11. Was machte der Rabbi, daß die Leute den Golem nicht sehen konnten?
12. Wo ist der Golem wahrscheinlich jetzt?

B. Wählen Sie die richtige Phrase oder das richtige Wort.

1. Der Golem ist
   a. ein richtiges Ungeheuer.
   b. eine künstliche Maschine.
   c. ein menschliches Wesen.

2. Der Golem in dieser Sage bekämpft
   a. alle Prager.
   b. alles Böse.
   c. alle Gespenster.

3. Der Golem ist fast wie ein Mensch, aber er kann nicht
   a. hören.
   b. sehen.
   c. sprechen.

4. Für den Rabbi war der Golem ein
   a. netter Bettler.
   b. stummer Diener.
   c. guter Hausgenosse.

5. Der Rabbi nahm am Ende dem Golem seinen Lebensgeist, weil
   a. die Juden wieder in Frieden leben konnten.
   b. die drei Männer ihre Rituale wiederholen wollten.
   c. der Golem am Dachboden liegen wollte.

C. Aus zwei mach eins.

Bilden Sie zweiteilige Substantive mit dem richtigen Artikel.

1. der Schrecken	a.	die Formel
2. der Ton	b.	der Mantel
3. das Haus	c.	die Verfolgung
4. der Hirsch	d.	die Figur
5. das Gebet	e.	die Haut
6. die Juden *(pl.)*	f.	das Gespenst
7. die Menschen *(pl.)*	g.	die Nacht
8. die Mitte	h.	das Ufer
9. der Fluß	i.	das Bild
10. der Zauber	j.	die Genossen *(pl.)*

D. Kategorien

Schreiben Sie folgende Wörter neben das passende Element.

Ton	*glühen*	*Wind*	*Fluß*	*Atem*
kneten	*Moldau*	*Glut*	*dampfen*	*Staub*
Klumpen	*heiß*	*Sand*	*See*	*trinken*
Schnee	*fliegen*	*regnen*		

1. Erde:
2. Wasser:
3. Feuer:
4. Luft:
5. Können Sie noch ein Wort pro Kategorie finden?

E. Erschaffen Sie einen Menschen.

Ordnen Sie die folgenden Körperteile in der richtigen vertikalen Reihenfolge von oben nach unten.

falsche Ordnung	richtige Ordnung
1. Knie	_____
2. Stirn	_____
3. Fuß	_____
4. Hals	_____
5. Haare	_____
6. Brust	_____
7. Augen	_____
8. Schultern	_____
9. Wangen	_____
10. Hüfte	_____
11. Nase	_____
12. Schienbein	_____
13. Bauch	_____
14. Oberschenkel	_____
15. Kinn	_____

12 | Narrengeschichten

In der deutschsprachigen Sagenliteratur gibt es viele Beispiele
von Narrengeschichten[1]—
Erzählungen, die sich über Helden
lustig machen. Die Dummheit
der Hauptpersonen in solchen
Narrengeschichten zeigt uns die
Überheblichkeit[2] des Menschen.
Ohne gesunden Menschenverstand[3]
glauben diese Narren dennoch alles
zu wissen und auch zu können.
Selten gehen diese Geschichten gut
aus, wie die folgenden Sagen beweisen.

Die sieben Schwaben
(Schwabenland, Baden-Württemberg)

In der Gegend von Baden-Württemberg, dort wo die Schwaben wohnen,
kamen einst sieben junge Burschen zusammen, um das Abenteuer zu
suchen. Der erste und wichtigste war der Herr Schulz, zu dem sich der
Jackel, der Martin, der Jörgl, Michel, Hans und der Veit gesellten.[4] Weil
sie nun die Welt erobern wollten, besorgten sie sich eine kräftige, lange
Lanze.[5] Mit dieser fühlten sie sich erstens sicher, und zweitens konnten sie
sich alle daran festhalten. Und so machten sie sich auf[6]—ganz vorne der
tapferste,[7] nämlich der Herr Schulz, und ganz hinten der Veit, wie immer
der letzte.

So geschah es, daß die sieben Schwaben eines Tages in der Nähe von
Freiburg über ein frisch geerntetes Feld marschierten. Dort sonnte
sich am Waldesrand ein Hase. Er war müde und schlief fast ein. Wie

---

[1]*Narrengeschichten* fools' tales [2]*Überheblichkeit* arrogance [3]*gesunden Menschenverstand*
common sense [4]*zu... gesellten* with whom... associated [5]*Lanze* lance [6]*Und... auf* And so,
they set off [7]*tapferste* bravest

gewohnt waren seine Ohren hoch aufgestellt, so daß er jedes gefähr-
liche Geräusch hören konnte.

Als die guten Schwaben das Tier so unbeirrt[8] dasitzen sahen,
bekamen sie es mit der Angst zu tun und der Veit schrie: „Oh je,
dem Ungeheuer entkommen wir nicht." Fliehen war unmöglich,
weil ihnen das Ungeheuer ja nachgerannt wäre. Und sicher wollte es
alle sieben mit Haut und Haar verschlingen.[9]

Also sagte Herr Schulz: „Auf in den Kampf, Kameraden. Frisch
gewagt ist halb gewonnen!"[10] Damit ergriffen sie alle den Spieß,
richteten ihn gegen das vermeintliche Ungeheuer und Veit schrie
mutig von ganz hinten:

Auf, auf im Namen aller Schwaben,
der Drache soll sein' Lohn jetzt haben!

Herr Schulz mußte, ob er wollte oder nicht gegen den armen
Hasen anrennen. Je näher er kam, umso größer wurde seine Angst.
So schrie er in größter Not, den Spieß fast schon im Fell des Hasen:

Oh je, oh je, mein Leib, mein' Seel,
was wenn ich ihn ganz arg verfehl'?[11]

Bei diesem Lärm erwachte der Hase im letzten Augenblick und
machte sich eiligst aus dem Staub.[12] Dem Herrn Schulz kam der
Mut und die Vernunft mit großer Freude zurück und er jauchzte:[13]

Ei, Schwabenbrüder, seht ihr das?
Das Drachenmonster ist ein Has'!

Und sie sanken erschöpft[14] ins hohe Gras am Waldesrand und
ruhten sich erst einmal gründlich aus.

Wochen später und um viele Erfahrungen reicher, kamen die
sieben Schwaben an die Mosel.[15] Brücken gab es nicht viele und weil
sie unbedingt nach Norden wollten, überlegten sie, wie sie das stille,
aber tiefe Wasser überqueren könnten.

---

[8]*unbeirrt* unperturbed   [9]*mit… verschlingen* devour with hide and hair (completely)
[10]*Frisch… gewonnen!* A good start is half the battle!   [11]*arg verfehl'* (= *arg verfehle*) miss badly
[12]*machte… Staub* beat a hasty retreat   [13]*jauchzte* cheered   [14]*erschöpft* exhausted
[15]*Mosel* Moselle River

Da sahen sie am anderen Ufer einen Feldarbeiter. Sie riefen laut um Hilfe. Der Arbeiter verstand aber, wegen der Entfernung[16] und wegen ihres schwäbischen Dialekts nicht, was sie wollten. So rief er in seiner Sprache zurück: "Wat? Wat?" Das verstand aber der Herr Schulz als: „Watet, watet",[17] und machte genau das. Er ging in den Fluß hinein, versank aber bald im bodenlosen Schlamm;[18] nur sein Hut wurde vom Wind und den Wellen gegen das andere Ufer getrieben. Dort saß gerade ein Frosch, der sich mit lautem „Quak! Quak!" über seinen gestörten Mittagsschlaf aufregte. Als die Schwaben erneut ein „Watet! Watet!" zu hören glaubten, freuten sie sich und riefen: „Unser guter Hauptmann Schulz ruft uns von da drüben. Wenn er durch den Fluß waten kann, dann können wir es auch!"

Eilig sprangen sie alle sechs ins Wasser und ertranken genauso wie der tapfere Herr Schulz.

Daß ein Frosch an diesem großen Unglück schuldig sein soll, will bis heute niemand im Schwabenland glauben.

Die Schildbürger
(Sachsen, Schilda)

Aus einem Volksbuch des 16. Jahrhunderts kennen wir die Bürger der sächsischen Stadt Schilda. Die Geschichten über die Schildbürger waren sehr populär—besonders wegen der vielen Streiche, die sie statt anderen immer sich selbst spielten.[19] Mit ausdauernder und verbissener Sturheit[20] folgten sie ihren wunderlichen Ideen bis zum bitteren Ende.

Die Bürger hatten endlich ihre eigene Mühle erbaut. Was ihnen noch fehlte, war ein Mühlstein. Es gab aber einen guten Steinbruch[21] oben auf dem Hügel vor der Stadt. Dort ließen sie einen passenden Stein aus dem Felsen schlagen. Dann waren sie endlich bereit, ihn zur Mühle am Bach zu bringen. Mit der größten Mühe schleppten sie den schweren Stein den Berg hinunter. Als sie endlich

---

[16]*wegen der Entfernung* because of the distance   [17]*watet* wade   [18]*bodenlosen Schlamm* bottomless mud   [19]*vielen Streiche... spielen* many pranks that they always played upon themselves instead of on others   [20]*ausdauernder... Sturheit* persistent and dogged stubbornness   [21]*Steinbruch* stone quarry

im Tal beim Bach unweit der Mühle waren, klopfte sich einer der Bürger auf den Kopf und rief laut: „Ach, was sind wir doch für Dummköpfe! Da plagen wir uns mit diesem großen, runden Stein den Berg herunter, wenn der doch so schön von selbst bergab[22] rollen könnte!"

„Ja, ja", gaben ihm einige Mitbürger gleich recht, „was sind wir doch für arme Narren! Warum soll man sich plagen, wenn sich die Arbeit von selbst machen kann!" Alle Schildbürger kratzten sich verlegen am Kopf. Nach einer Weile sagte einer von ihnen, was sie alle dachten: „Es wäre wohl das beste, das ganze noch einmal zu versuchen. Schließlich und endlich heißt es ja ,Probieren geht über Studieren!' "

Gesagt, getan. Allen gefiel der Vorschlag und mit viel „ach" und „weh" schoben und zogen sie den Stein wieder den Hügel hinauf. Als sie dann nach kurzer Rast den Stein den Hang wegrollen wollten, sagte der Bürgermeister: „Halt! Wir wissen ja gar nicht wohin der Stein rollen wird. Am Ende zerstört er noch die ganze Stadt! Weiß denn niemand Rat?"[23]

Da trat der Richter vor und sagte: „Das ist doch ganz leicht, Bürgermeister. Einer von uns steckt seinen Kopf durch das Loch in der Mitte und rollt einfach mit." Ein Bürger mit der richtigen Kopfgröße wurde ausgesucht. Als ihm der Mühlstein fest auf den Schultern saß, gaben ihm die Ratsherren noch einen ermutigenden Stoß.[24] Huuii! Hinunter ging's ins Tal.

Der arme Kerl wurde tüchtig[25] hin und her gedreht, gerüttelt und geschüttelt. Und fast wäre alles gut gegangen. Nur unten, wohin der Stein rollte, war ein Fischteich. Und gerade darauf sprang der Mühlstein lustig zu. Platsch!!—mitten in den Teich hinein. Mann und Stein versanken im tiefsten Teil des Wassers und wurden nie mehr gesehen.

Als alle Schildbürger endlich atemlos im Tal ankamen und jede Spur des Steines und des armen Mannes fehlte, klagten sie laut, suchten vergeblich[26] ein paar Tage lang und setzten schließlich einen

---

[22]*bergab* downhill [23]*Weiß den niemand Rat?* Doesn't anyone have an idea (advice)?
[24]*ermutigenden Stoß* encouraging push [25]*tüchtig* thoroughly [26]*vergeblich* in vain

Kopfpreis[27] aus. Auf diesen öffentlichen Verkündigungen in den Archiven der Stadt Schilda kann man heute noch lesen:

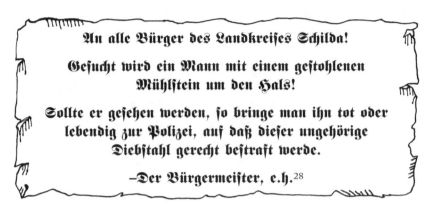

An alle Bürger des Landkreises Schilda!

Gesucht wird ein Mann mit einem gestohlenen Mühlstein um den Hals!

Sollte er gesehen werden, so bringe man ihn tot oder lebendig zur Polizei, auf daß dieser ungehörige Diebstahl gerecht bestraft werde.

–Der Bürgermeister, e.h.[28]

Übungen

A. Verbinden Sie die richtigen Wörter.

Freiheit den Narren! Welche närrischen Ideen haben die Schwaben und die Schildbürger? Versuchen Sie, so wie diese zu denken, und verbinden Sie die richtigen Wörter links und rechts!

1. Hase		a.	Kopfgröße
2. Ungeheuer		b.	platsch!
3. waten		c.	tot oder lebendig
4. quak!		d.	Mühlstein
5. Spieß		e.	Drachen
6. bergab		f.	Feldarbeiter
7. Loch		g.	Frosch
8. Fischteich		h.	rollen
9. gestohlen		i.	ein Has'!
10. Polizei		j.	Lanze

---

[27]*Kopfpreis* reward, bounty   [28]*e.h. (= eigenhändig)* by his own hand

B. Fragen zum Inhalt

1. Welches Ungeheuer saß am Rand des Feldes?
2. Welche Waffe hatten die sieben Schwaben?
3. Welcher der Schwaben war der erste? Und welcher der letzte?
4. Warum war der Herr Schulz so froh?
5. Was war das letzte Abenteuer? Wo geschah es, und wie war das Ende?
6. Was wollten die Schildbürger mit dem Mühlstein machen?
7. Warum brauchten sie so lange, den Stein ins Tal zu bringen?
8. Wie ging ihr „wissenschaftliches" Experiment aus?
9. Wo waren der Mühlstein und der arme Bürger am Ende?
10. Was glaubten der Bürgermeister und die Bürger?

C. Finden Sie in den Narrensagen ein erklärendes Wort für folgende unvollständige Gedanken.

1. kräftig
2. gestohlen
3. erschöpft
4. sieben
5. öffentlich
6. ungehörig
7. jauchzen
8. gestört
9. ermutigend
10. Landkreis

D. Wer gewinnt? Die Schwaben oder die Schildbürger? Zählen Sie (auf deutsch, natürlich)!

	Schwaben	Schildbürger
1. alle Adverbien in der Geschichte	___	___
2. alle positiven Adjektive	___	___
3. alle Substantive, die mit „T" beginnen	___	___
4. alle Verbformen, die mit „t" enden	___	___
5. alle Genitiv-Wörter	___	___
6. alle Wörter mit mehr als 12 Buchstaben	___	___
TOTAL	___	___

E. Zum Schreiben

Schreiben Sie einen Aufsatz über eins der folgenden.

1. Ein verrücktes Erlebnis, das Sie hatten.
2. Ein verrücktes Erlebnis, das an ihrer Schule leicht passieren könnte.

Sagen aus Nordrhein-Westfalen,
Schleswig-Holstein, Bayern und Österreich

13 | Von Zwergen und Kobolden

*Z*werge und Kobolde[1] *sind in der deutschen Volkssagen-literatur sehr beliebt. Die meisten dieser kleinen Männchen lebten tief im Wald oder irgendwo auf dem Land, wie z.B. die Erdmännchen vom Watzmann. Die Heinzelmännchen und die Klabautermänner[2] fanden aber woanders ihr Zuhause. Die einen fühlten sich in Köln recht wohl und die anderen hausten auf den Schiffen im Norden Deutschlands.*

Diese kleinen Wesen haben durch ihre hilfreiche und listige Art[3] das Herz vieler Deutscher gewonnen. So kann man auch die Beliebtheit der Mainzelmännchen-Trickfiguren[4] im deutschen Fernsehen verstehen.

---

[1] *Zwerge und Kobolde* dwarfs and gnomes [2] *Heinzelmännchen und die Klabautermänner* brownies and water spirits [3] *hilfreiche und listige Art* helpful and cunning manner [4] *Beliebtheit der Mainzelmännchen-Trickfiguren* popularity of the Mainzelmännchen cartoon characters that appear in between commercials on German TV

Die Heinzelmännchen von Köln
(Nordrhein-Westfalen)

Daß es Heinzelmännchen in Köln gab, hat man immer vermutet. Obwohl sie unsichtbar waren, wußten alle Kölner von ihrer Anwesenheit. Kölner bekamen nämlich oft unerwartete Hilfe von den kleinen Männchen. Wenn die guten Einwohner der Stadt nachts fest schliefen und ihre Arbeit vergaßen, war trotzdem am Morgen alles bereit. Der Bäckermeister fand knuspriges[5] Brot auf den Regalen, die Zimmerleute[6] sahen die Balken geschnitten, und der Metzger[7] sah die Würste frisch in seinem Laden hängen. Auch der Schneider hatte wieder einmal den neuesten Rock[8] des Bürgermeisters fertig, obwohl er faul im Bett gelegen hatte.

Und mit diesem Schneider fing auch das Ende der Geschichte an. Seine Frau, Hildegard, war ein sehr neugieriges[9] Weib. Sie konnte sich nicht erklären, wie ihr Mann so viele Kleider nähen konnte und trotzdem noch immer Zeit fürs Wirtshaus hatte. Oft mußte sie bis spät in der Nacht warten, bis er nach Hause kam. Sie sah auch in seiner Werkstatt genau, was alles noch zu machen war. Wenn sie ihren Mann darüber fragte, antwortete er immer: „Frag doch die Heinzelmännchen!" Mit der Zeit war sie aber so neugierig, daß sie Tag und Nacht daran dachte. Sie wollte unbedingt diese Heinzelmännchen sehen.

Nachdem Hans wieder einmal ganz spät nach Hause gekommen war, stand sie mitten in der Nacht ganz heimlich auf. Sie streute getrocknete Erbsen auf die Treppe. Dann wartete sie hoffnungsvoll hinter der Tür. Sie wußte, daß Hans wieder einige unfertige Sachen auf dem Schneidertisch liegen hatte. Und die Heinzelmännchen wußten das auch.

Aber da kamen sie schon die Treppe herunter! Leise und vorsichtig gingen sie, bis sie „autsch!" auf die Erbsen traten. Und „schwupp-di-wupp" rutschten sie alle aus und fielen lachend, schreiend und kreischend[10] die Stufen hinunter. Als die Schneidersfrau mit dem Licht daherkam, waren die Heinzelmännchen schon spurlos verschwunden. Sie wurden nie wieder in Köln gesehen.

---

[5]*knuspriges* crispy [6]*Zimmerleute* carpenters [7]*Metzger (= Fleischer)* butcher [8]*Rock* suitcoat, jacket [9]*neugieriges* nosy [10]*kreischend* screeching

Von dieser Zeit an mußten alle Handwerker in Köln immer alles selbst machen—und früh aufstehen. Aber man weiß bis heute noch nicht genau, ob die alte Geschichte wirklich stimmt. Niemand hat ja die Heinzelmännchen wirklich gesehen—nicht einmal die neugierige Hildegard.

Der Klabautermann
(Schleswig-Holstein, Hamburg)

Ein Klabautermann ist vielleicht zwei Fuß groß, ein gutmütiges, graues Männchen mit roten Backen, das auf Schiffen lebt. Es sieht aus wie ein Matrose,[11] trägt einen Südwester auf dem Kopf und hat immer einen Holzhammer[12] in der Hand. Oft hilft es beim Bau eines Schiffes, besonders wenn es später darauf wohnen möchte. Kalfatern[13] ist seine Spezialität. Deshalb nennt man es auch den Kalfatermann.

Ist das Schiff auf See, so beschützt er es vor Feuer, Strandung[14] und anderen Gefahren.[15] Er läßt auch die Mannschaft ihre Aufgaben nicht vergessen. In der Nacht macht er dann immer alle übriggebliebenen[16] Arbeiten für die Matrosen fertig. Am liebsten hilft er jedoch dem Zimmermann. Für diese Hilfe erwartet er das beste Essen, besonders das, was der Kapitän selbst ißt. Ein Klabautermann ist ein ausgesprochener Feinschmecker.[17] Taugt die Mannschaft nichts,[18] oder passiert an Bord ein Verbrechen,[19] dann ist das Klabautermännchen weg. Daß er auch in die Zukunft sehen kann, beweist die folgende Geschichte.

Im Hafen von Hamburg lag ein Schiff vor Anker. Der Steuermann[20] machte am Abend einen Spaziergang auf dem Deck. Da hörte er zufällig ein Gespräch zwischen einem Klabautermann am Heck seines Schiffes und einem anderen am Bug des nächsten Schiffes.[21]

„Gehst du mit auf See?", fragte der auf dem anderen Schiff. „Nein", antwortete der auf des Steuermanns Schiff, „ich bleibe im Hafen. Dieses Schiff geht sicher unter."

---

[11]*Matrose* sailor   [12]*Holzhammer* wooden hammer   [13]*kalfatern* caulking
[14]*Strandung* shipwreck, running aground   [15]*Gefahren* dangers   [16]*übriggebliebenen* left-over
[17]*ein ausgesprochener Feinschmecker* a real gourmet   [18]*Taugt... nichts* If the crew is worthless
[19]*Verbrechen* crime   [20]*Steuermann* helmsman   [21]*am Heck... Schiffes* at the stern of his ship and another at the bow of the next ship

Dem Steuermann wurde angst und bange.[22] Er konnte die ganze Nacht nicht schlafen. Früh am Morgen ging er zum Kapitän und erzählte ihm, was die Männchen gesagt hatten. Der Kapitän lachte zuerst über die Klabautermänner und dann über die Gefahr. Und die ganze Mannschaft lachte mit. Der Steuermann aber blieb ernst: „Mit diesem Schiff fahre ich nicht!" Er ging am Ende von Bord und fand ein neues Schiff. Als er nach ein paar Monaten zurück nach Hamburg kam, erfuhr er, daß sein früheres Schiff mit Mann und Maus untergegangen war.

Und weil ein Schiff mit einem Klabautermann nie untergeht, freuen sich die Seeleute immer wieder, wenn sie hören, daß so ein Männchen an Bord ist. Die Klabautermännchen sollen noch heute Matrosen und Schiffen Glück bringen.

Der Watzmann
(Bayern)

In den Alpen bei Berchtesgaden, in der Nähe des Königssees in Südbayern, steht der hohe Watzmann, der zweithöchste Berg Deutschlands. Der kegelförmige Berg ist 2713m hoch und „bewacht" die Grenze zwischen Bayern in Deutschland und Tirol in Österreich. Über seine Entstehung gibt es eine Sage, die mit Kobolden zu tun hat.

Vor langer Zeit lebte in Bayern ein gefürchteter König mit dem Namen Watzmann. Er war sehr grausam zu seinen Untertanen und quälte[23] sie, wo er nur konnte. Das Leben unter ihm war sehr schwer. Sein Schloß stand in der Nähe des Königssees.

Eines Tages, im Frühling, war es Zeit die Felder des Königs zu pflügen.[24] Wie immer holten seine Ritter die Bauern aus der Umgebung. Weil es aber nicht schnell genug ging, wurde der König sehr ungeduldig. Als dann die Bauern gerade die Pferde und Ochsen an die Pflüge spannen[25] wollten, schrie er: „Was soll das? Wir brauchen keine Pferde. Spannt doch die dummen Bauern vor die Pflüge!" Dann trieb er sie mit seinen Jagdhunden zu schnellerer Arbeit an. Schwitzend[26] liefen die Bauern auf dem Feld hin und her.

---

[22]*wurde angst und bange* became very frightened   [23]*quälte* tortured   [24]*pflügen* to plow
[25]*spannen* to put into harness   [26]*schwitzend* sweating

Da stieß einer der Bauern, der Josef Hois, mit seinen Füßen einen Stein aus dem Weg und—schwups!—da sprang ein kleines Männlein auf die Hand des Bauern. Es war nur zwei Zoll[27] groß. Es legte seinen Finger an den Mund und bat den überraschten Hois: „Fürchte dich nicht! Ich will euch nur helfen." Dann sprang es flink[28] in die Hosentasche des Bauern.

Zu Hause nahm Hois das Männchen ganz vorsichtig aus der Tasche und stellte es vor sich auf den Tisch. Mit dünner Stimme wisperte es dem Bauern zu: „Hör zu, Bauer. Ich bin Heinzel, der König der Erdmännchen.[29] Ich kann einfach nicht mehr zusehen, wie euch König Watzmann tagtäglich quält und schindet.[30] Ich will euch von diesem Tyrannen befreien. Geh und ruf alle deine Freunde zusammen!"

Der Bauer Hois rannte und holte seine Nachbarn. Als alle da waren, sprang Heinzel auf die Schulter von Hois und sagte: „Morgen früh müßt ihr eure Taschen mit Kieselsteinen[31] füllen und in dem Augenblick, wenn Watzmann die Hunde losläßt, werft die Steine auf ihn." Bevor die Bauern noch mehr fragen konnten, wurde Heinzel kleiner und kleiner und verschwand dann ganz.

Am nächsten Morgen war Watzmann noch immer in böser Laune. Mit lauter Stimme jagte er seine Hunde wieder auf die Bauern. Doch gerade als er ihnen ein lautes „Hussah" zugerufen hatte, warfen die Bauern die Steine auf ihn. Und kaum waren die Kieselsteine aus den Händen der Bauern, wurden sie zu riesigen Felsblöcken.[32] Und wie diese auf Watzmann zuflogen, glaubten die Bauern auf jedem ein kleines Männchen sitzen zu sehen.

Die Hunde rannten heulend durch den Felsenregen zu ihrem Herrn—sie wurden aber bald wie er selbst mit den springenden und tanzenden Felsen zugedeckt. Am Ende stand da, wo der König und seine Hunde waren, ein hoher kegelförmiger Berg, der heutige Watzmann!

Der Hois und die anderen Bauern zogen aus dieser Gegend fort. Sie siedelten sich im heutigen Tirol an. Von den Erdmännchen hat

---

[27]*Zoll* about an inch [28]*flink* quickly [29]*Erdmännchen* gnomes [30]*schindet* oppresses
[31]*Kieselsteinen* pebbles [32]*Felsblöcken* boulders

niemand mehr gehört. Nur wenn der Wind um den Watzmann pfeift, dann sagen die Leute: „Das sind die Hunde des Watzmann!" Oder wenn ein Stein den Berg herunterrollt, dann meinen sie, das sind die Erdmännchen, die noch immer darauf herumtanzen.

'S Kasamandl (Das Käsemännlein)
(Österreich, Salzburger Volkslied)

In Salzburger Land singt man ein Volkslied von einem Männlein, das sich um die Almhütten[33] und die Kühe kümmert,[34] wenn die Sennerin[35] nicht da ist. Es hilft auch seiner Frau heimlich beim Käsemachen.

(Salzburger Dialekt)

Auf der Umbrückler Alm[36] is
    a Kasamandl;[37]
des huckt ganz vastoin
    hintam Eisenpfandl.
Und so a klaons Weibal,
    des kocht eahm a Muas—
wauns'd oans wüllst, host
    'as G'sicht volla Ruas.
Und den bringst neamma
    wegga, da kaunst du tuan was
    du wüllst,
wauns'd net in dei Schüssl an
    Weichbrunn eifüllst.
    Von alle besen Geister
    und all dem Zeugs,
    was umalauft,
    erbarme dich unser
    in Ewigkeit.
    (*Jodler*)

(hochdeutsch)

Auf der Umbrückler Alm ist
    ein Käsemännlein,
das sitzt ganz verstohlen[38]
    hinter dem Eisenpfännlein.[39]
Und so ein kleines Weiblein,
    das kocht ihm ein Mus[40]—
wenn du so eines willst, hast
    du das Gesicht voll mit Ruß.
Und den bringst du nicht mehr
    weg, da kannst du tun was
    du willst,
wenn du nicht Weihwasser in
    die Schüssel einfüllst.[41]
    Von allen bösen Geistern,
    und dem Zeug,
    was herumläuft,
    erbarme[42] dich unser
    in Ewigkeit.
    (*Jodler*)

---

[33]*Almhütten* Alpine huts   [34]*kümmert* takes care of   [35]*Sennerin* milkmaid   [36]*Umbrückler Alm* Alpine pasture south of Salzburg   [37]*Kasamandl (= Käsemännchen)* a gnome whose name means "little cheese man"   [38]*verstohlen* furtively   [39]*Eisenpfännlein* little iron pan   [40]*Mus* stewed fruit [41]*wenn... einfüllst* if you don't put holy water in the bowl   [42]*erbarme* be merciful

Übungen

A. Wählen Sie die richtige Phrase.

1. König Watzmann
   a. jagt mit seinen Hunden auf den Feldern.
   b. versteht sich gut mit seinen Untertanen.
   c. ist ein grausamer Herrscher.

2. Die Bauern
   a. müssen schwer für ihren König arbeiten.
   b. sprechen immer mit kleinen Männchen.
   c. arbeiten gern für ihren König.

3. Heute ist der Watzmann
   a. ein Berg für Touristen.
   b. der König von Bayern.
   c. ein kleines Männchen, das auf Felsen reitet.

4. In der Sage vom Watzmann
   a. sind die Bauern immer zufrieden.
   b. jagen die Jagdhunde die armen Männchen.
   c. bekommt der König, was er verdient hat.

5. Die Erdmännchen helfen den Bauern
   a. das Feld zu pflügen.
   b. den König zu einem Berg zu machen.
   c. Kieselsteine zu werfen.

6. Im Frühling
   a. bereiteten die Bauern die Felder vor.
   b. geht der König auf die Jagd.
   c. siedeln sich Bauern in Tirol an.

7. Das Pfeifen des Windes klingt wie
   a. das Rollen eines Felsens.
   b. das Heulen der Hunde.
   c. die Stimme Watzmanns.

8. Heinzel, der König der Erdmännchen, wollte
   a. den Bauern helfen.
   b. die Felder pflügen.
   c. mit Watzmann jagen.

9. Die Männchen vom Watzmann waren sehr klein. Sie waren nur ungefähr
   a. 5 dm groß.
   b. 5 m groß.
   c. 5 cm groß.

10. Die Kölner Heinzelmännchen fallen wegen
    a. der Erbsen.
    b. der Arbeit.
    c. des Fernsehens.

B. Eigenschaften von Zwergen und Kobolden

Für jede Art Männchen füllen Sie soviel Informationen aus, wie Sie können.

Männchen	Erd-männchen	Heinzel-männchen	Klabauter-männer
1. Wie sie aussehen	sehr klein, sind ungefähr...		
2. Wo sie wohnen		in Häusern in der Stadt	
3. Was sie machen			
4. Was ihnen gefällt			
5. Was ihnen nicht gefällt			Schiffe, auf dem ein...

C. Welches Wort paßt nicht?

1. Stein   Felsen   Berg   Kiesel   Pflug
2. sagen   rufen   werfen   meinen   wispern
3. Bauer   König   Prinz   Fürst   Kaiser
4. arbeiten   jagen   pflügen   quälen   schwitzen
5. klein   riesig   groß   böse   schwer

D. Ordnen Sie diese Wörter von groß bis klein!

1. Erbse   ____
2. König Watzmann   ____
3. Klabautermann   ____
4. Kieselstein   ____
5. Holzhammer   ____
6. Jagdhund   ____
7. Wirtshaus   ____
8. Watzmann (heutiger)   ____
9. Schiff   ____
10. Pferd   ____
11. Treppe   ____
12. Felsbrocken   ____

E. Zum Schreiben

Sammeln Sie aus Übung B und den Sagen alle Eigenschaften und Einzelheiten der kleinen Männchen. Schreiben Sie eine allgemeine, universelle Beschreibung dieser hilfreichen Wesen.

14 | Rübezahl

Im schlesischen[1] *Riesengebirge (heute an der Grenze zwischen Polen und Tschechien[2]) treibt seit grauer Vorzeit ein mächtiger Berggeist sein Unwesen. Sein Reich liegt zwischen dem Gipfel der Schneekoppe (1602m hoch) und dem Mittelpunkt der Erde. Er ist gern mit den Bewohnern der Gegend zusammen. Mit seinen über- natürlichen Kräften half er schon oft den Armen, bestrafte aber manchmal die Menschen mit böser Willkür[3]—und nur hin und wieder überlistete ihn der eine oder andere Schlaukopf. Davon erzählt die folgende Sage, nämlich, wie Rübezahl[4] zu seinem Namen kam.*

Nach vielen hundert Jahren war Rübezahl wieder einmal aus den Tiefen der Erde an die Oberfläche[5] gekommen, und wie immer mit- ten im Riesengebirge. Er ging durch den dichten Wald, lauschte dem Gezwitscher der Vögel, dem Rauschen der Blätter und dem Murmeln des Baches. Da kam er plötzlich an ein verstecktes Was- serbecken[6] mit einem Wasserfall. Dort spielte fröhlich eine Gruppe von ausgelassenen Mädchen im Gras am Ufer des Wassers.

---

[1]*schlesischen* Silesian, Silesia went to Bohemia (part of today's Czech Republic) in 1335, to Austria in 1526, to Prussia in 1742, and to Poland in 1945   [2]*Tschechien* Czech Republic
[3]*Willkür* arbitrariness   [4]*Rübezahl (= Rübenzähler)* turnip counter   [5]*Oberfläche* surface
[6]*verstecktes Wasserbecken* hidden pool

Schnell verwandelte sich Rübezahl in einen Raben[7] und flog krächzend[8] auf einen Ast.[9] Da warf ihm das schönste aller Mädchen übermütig einen goldenen Ring zu:

Fang doch, edler Rabe, mein,
schon morgen soll die Hochzeit sein!

Überrascht fing der Rabe den Ring im Schnabel[10] und flog davon. Die Prinzessin, das war nämlich das Mädchen, lachte hell und unbeschwert[11] und rief ihre Dienerinnen, um ins Schloß zurückzugehen. Inzwischen saß Rübezahl wie verzaubert im Dickicht[12] und hielt den goldenen Ring. Wie sehr ihm dieses Mädchen gefallen hatte und wie sehr er sich wünschte ein Mensch zu sein! In den nächsten Tagen wartete er ungeduldig auf die Rückkehr der Mädchen an den Wasserfall. Als sie endlich wieder kamen, verwandelte sich Rübezahl schnell in einen schönen Jüngling. Mit dem Ring in der Hand ging er mutig zur Prinzessin und sagte:

Wer den Ring Dir hier kann bringen,
hört die Hochzeitsglocken klingen!

Er nahm ihre Hand, steckte den Ring an ihren Finger und führte die verwunderte Prinzessin an den Rand des Wassers. Sie stiegen hinein und verschwanden in der Tiefe.

Laut klagten die Mädchen, als sie ihre Herrin nicht mehr sahen. Sie liefen so schnell sie konnten zum König, um die schlechte Nachricht zu überbringen. Der ganze Hof war traurig, vor allem aber Ratibor, der Verlobte[13] der Prinzessin. Mit einem Heer von Rittern und Soldaten zog er aus und suchte lange, aber leider vergeblich nach der Prinzessin.

Diese war inzwischen tief unter dem Riesengebirge in einem herrlichen Palast. Rübezahl umsorgte sie auf das beste. Er erfüllte ihr jeden Wunsch. Er wollte seine große Liebe beweisen. Und das ging eine Weile ganz gut. Die Prinzessin freute sich über jedes Geschenk. Die Gesellschaft des schönen jungen Prinzen war sehr angenehm

---

[7]*Raben* raven [8]*krächzend* cawing [9]*Ast* branch [10]*Schnabel* beak [11]*unbeschwert* carefree, happily [12]*Dickicht* thicket [13]*Verlobte* fiancé

und sie fühlte keine Langeweile. Die versprochene Hochzeit sollte bald stattfinden.

Doch je mehr die Prinzessin an die Hochzeit dachte, umso trauriger wurde sie. Sie konnte ihre fröhlichen Freundinnen und Prinz Ratibor nicht vergessen. Sie beklagte sich bei Rübezahl: „Ach, hätte ich doch meine Freundinnen hier, dann wäre ich nicht so einsam!"

Rübezahl kannte die Menschen noch nicht so gut, wollte aber viel über sie lernen. Er ging in den Gemüsegarten des Schlosses, zog ein paar frische Rüben aus der Erde, legte sie in einen Korb und brachte sie der traurigen Prinzessin. „Hier", sagte er, „nimm diesen Zauberstab[14] und berühre damit die Rüben und sie sollen sich in die Person verwandeln, an die du denkst."

Bald war die Prinzessin von ihren engsten Freundinnen umgeben und die Fröhlichkeit kehrte in den Palast zurück. Zufrieden sah Rübezahl wie die Prinzessin wieder lachen konnte. Schnell waren alle Rüben zu Menschen geworden—die kleinsten waren jetzt allerliebste Kätzchen und Hündchen. Sogar ein paar Vögel zwitscherten fröhlich in einem goldenen Käfig.

Schon war die Prinzessin bereit, Rübezahl zu heiraten. Aber eines Morgens sah sie mit Schrecken, wie ihre ganze Gesellschaft sich in schrumpfende Matronen und Greise[15] verwandelte. Die Rüben waren alt und saftlos geworden und nicht einmal Rübezahl konnte etwas dagegen tun.

Rübezahl wollte die Prinzessin trösten. Vergeblich—und von einer Hochzeit wollte sie jetzt überhaupt nichts mehr wissen. Verzweifelt nahm Rübezahl den Zauberstab, fand aber keine einzige Rübe mehr und er seufzte:

Bis die Rüben reif im Garten,
Solange soll die Hochzeit warten.

Und die Prinzessin antwortete dem Rübezahl halbherzig:

Mit einer neuen Ernte Rüben,
will ich mich gern dem Schicksal fügen.[16]

---

[14]*Zauberstab* magic wand [15]*schrumpfende Matronen und Greise* shriveled up matrons and old men [16]*will ich...fügen* I will resign myself to (my) fate

In Wirklichkeit dachte die Prinzessin aber nur mehr an eine schnelle Flucht.

Je näher die neue Rübenernte rückte, umso mehr schien die Prinzessin mit ihrem Schicksal zufrieden. Sie war sehr freundlich zu Rübezahl und gemeinsam planten sie die Hochzeit.

Eines Tages sagte Rübezahl: „In drei Tagen sind die Rüben bereit, und du sollst deine Hochzeitsgesellschaft haben." Die Prinzessin aber entgegnete: „Für eine richtige Hochzeit muß ich aber genau die Zahl der Gäste wissen. Bitte geh und zähle die Rüben für mich!"

Das wollte Rübezahl gern tun. Er ging auf das Feld und fing an zu zählen. Als Rübezahl am anderen Ende des Feldes war, kam die Prinzessin und zog die dickste Rübe aus der Erde. Sie berührte sie mit dem Zauberstab und—schwups—da stand ein kräftiges Pferd. Und schnell wie der Wind war sie unterwegs—fort aus Rübezahls Reich.

Inzwischen, um ganz sicher zu sein, wollte Rübezahl die Rüben ein zweites Mal zählen. Er bekam aber jetzt eine andere Zahl. Er kratzte sich am Kopf und zählte die Rüben zum dritten Mal. Endlich hatte er die richtige Zahl und lief freudig ins Schloß zurück. Dort suchte er aber vergeblich seine Braut. Als er schließlich verstand, was geschehen war, hatte die Prinzessin schon lange sein Reich verlassen. Vielleicht war sie auch schon in Ratibors Armen.

In seinem grenzenlosen Zorn raste Rübezahl durch die Lüfte und durch sein ganzes Reich und klagte den vier Winden sein Leid.[17] Als er sich etwas beruhigt hatte, zog er sich enttäuscht[18] in die Tiefen seines Reiches zurück und wurde für die nächsten hundert Jahre nicht wieder gesehen.

Die Bewohner des Riesengebirges aber hörten die Geschichte und nannten ihren mächtigen Berggeist von dann an den „Rübezahl."

---

[17]*klagte... Leid* poured out his sorrows to the four winds   [18]*enttäuscht* disappointed

Übungen

A. Wählen Sie die richtige Phrase oder das richtige Wort.

1. Rübezahl wohnt im heutigen
   a. Ungarn.
   b. Polen.
   c. Österreich.

2. Als er die Mädchen sah, verwandelte sich der Berggeist in
   a. einen Vogel.
   b. einen Prinz.
   c. einen Diener.

3. Die Prinzessin nahm den Ring zurück und
   a. ging mit Rübezahl.
   b. lief nach Hause.
   c. steckte ihn an ihren Finger.

4. Rübezahl brachte die Prinzessin
   a. zu seinen Eltern.
   b. in ein unterirdisches Schloß.
   c. zu einem Wasserfall.

5. Bald war es aber der Prinzessin zu
   a. einsam.
   b. interessant.
   c. lustig.

6. Mit dem Zauberstab verwandelte die Prinzessin
   a. Raben zu jungen Männern.
   b. Rüben zu Menschen.
   c. Katzen zu Hunden.

7. Aber bald wurden ihre Freundinnen zu
   a. Rüben.
   b. Greisinnen.
   c. Prinzessinnen.

8. Um die Hochzeit richtig zu planen, wollte die Prinzessin wissen,

    a. wieviele Gäste kämen.

    b. wer das Essen bereitete.

    c. wo sie ein Pferd finden könnte.

9. Rübezahl zählte alle seine Rüben

    a. oft.

    b. zweimal.

    c. dreimal.

10. Die Prinzessin lief weg, weil

    a. sie Rübezahl haßte.

    b. sie schon lange verlobt war.

    c. sie keine Rüben mochte.

B. Fragen zum Inhalt

1. Welchen Namen bekam der Berggeist später von den Bewohnern der Gegend?

2. Wo wohnte der Berggeist bevor er die Prinzessin sah?

3. Woher kam der Rabe, der den Ring der Prinzessin fing?

4. Der Berggeist wollte plötzlich ein Mensch sein. Wie zeigte und machte er das?

5. Warum war die Prinzessin nicht so traurig wie ihre Freundinnen?

6. Wer war Ratibor, und warum konnte er die Prinzessin nicht finden?

7. Wie hat der Berggeist es geschafft, daß die Prinzessin am Anfang ganz zufrieden war?

8. Warum wurden die Rüben für die Prinzessin plötzlich so wichtig?

9. Obwohl Rübezahl ein mächtiger Berggeist war, konnte ihn die Prinzessin überlisten. Wie?

10. Wie endete die Geschichte für Rübezahl? Für die Prinzessin?

C. Zu welchen Substantiven in dieser Geschichte passen die folgenden Adjektive?

1. übernatürlich

2. traurig

3. ausgelassen

4. ungeduldig

5. verzaubert

6. vergeblich

7. krächzend

8. saftlos

9. verzweifelt

10. reif

D. Schreiben Sie Sätze.

Benutzen Sie die richtige Form jedes der Wörter in den folgenden Wortgruppen.

1. Rübezahl / sein / mächtig / Berggeist / in / das Riesengebirge

2. Er / finden / die Prinzessin / mit / ihre Freundinnen / an / der Wasserfall

3. sie / werfen / der Ring / zu / der Rabe / und / er / fangen / er

4. Gemeinsam / planen / sie / die Hochzeit / wenn / die Rüben / sein / bereit / werden

5. größte / die / Rübe / sie / in / ein / Pferd / verwandeln / so / daß / sie / kann / reiten / zurück / zu / ihr / Verlobter

E. Zusammengesetzte Substantive

Suchen Sie logische Verbindungen zwischen der rechten und linken Seite:

z.B. Auto + Bahn = Autobahn

1.	Zauber	a.	Gebirge
2.	Hochzeits	b.	Stab
3.	Wasser	c.	Ernte
4.	Riesen	d.	Geist
5.	Berg	e.	Fall
6.	Rüben	f.	Ring

15 | Flußgeister

Die Natur und manchmal unerklärliche Natur-
ereignisse[1] konnten in früheren Tagen weder erklärt und noch weniger kontrolliert werden. Die geheimnisvollen Tiefen des Meeres, der Seen und der mächtigen Flüsse waren daher schon immer der Schauplatz unheimlicher Geschehnisse.[2]

Das Donauweibchen
(Niederösterreich, an der Donau)

Die Fischer auf der Donau wußten genau, daß irgendwo am Grunde des Stromes der Donaufürst in seinem Reich wohnte. Und die Donauweib-chen[3] waren seine Töchter. Bei vollem Mond stiegen sie manchmal aus den Tiefen heraus, und dann konnte man ihren traurigen Gesang hören. Man sagt, daß sich die Fischer die Ohren zuhielten, um nicht blindlings[4] in ihren Booten zu ertrinken.

Vor langer Zeit lebte der Fischer Petrus mit seinem Sohn Paulus auf einer Insel in der Donau, unweit von Wien. An einem Winterabend war die Donau ganz mit Eis zugedeckt. Vater und Sohn saßen in ihrer einfachen Hütte und flickten[5] die Netze. Das Wetter hatte sich vor ein paar Tagen verbessert und das Eis fing zu tauen an. Voll

---

[1]*unerklärliche Naturereignisse* inexplicable natural occurrences [2]*Schauplatz... Geschehnisse* location of weird happenings [3]*Donauweibchen* Danube Maidens [4]*blindlings* rashly, recklessly [5]*flickten* mended

Angst hörten die zwei das Krachen und Brechen der Eisschollen[6] rund um die Insel.

Sie erschraken aber noch mehr, als es an der Tür klopfte. Paulus öffnete und sah beim fackelnden[7] Kerzenlicht ein wunderschönes Mädchen. Er staunte über ihr nasses Haar und ihre nassen Kleider. „Du bist in dem Tauwetter[8] wohl etwas naß geworden", sagte Paulus verwirrt. „Komm herein und setz dich ans Feuer, daß du trocken wirst."

Der alte Fischer aber sah erschrocken die großen wasserblauen Augen der Fremden und bemerkte auch, daß sich das Mädchen nicht zum Ofen setzte. Er fragte sie: „Woher kommst du zu so später Stunde? Hast du dich verirrt und findest das Ufer nicht?"

Das Mädchen aber schüttelte verneinend[9] den Kopf. „Ich muß wieder weiter. Ich bin nur gekommen, um euch zu warnen: noch heute nacht wird der Tauwind soviel Eis schmelzen, daß eure Insel überflutet wird. Sucht euch schnell einen Fluchtweg ans Land!"

Paulus wollte noch weiterfragen und das schöne Mädchen nicht gehen lassen, als ein plötzlicher Windstoß die Tür zuschlug.[10] Und die Fremde war weg. So schnell auch Paulus in die Nacht hinaussprang und rief—es kam keine Antwort zurück. Der Alte aber brummte noch vor sich hin: „Diese wasserblauen Augen...."

Die beiden packten hastig zusammen alles was sie auf dem Rücken tragen konnten. Dann ließen sie die Hütte hinter sich und sprangen vorsichtig von einer Scholle zur anderen. Das Eis bewegte sich schon langsam flußabwärts.[11] Mit einem letzten Sprung retteten sie sich ans Ufer. Aber wo war das Mädchen geblieben? „Hierher, hier—her!" rief Paulus noch ein paarmal in den Wind. Vergeblich. Traurigen Herzens folgte er seinem Vater und sie fanden bald Herberge bei guten Fischern. Und am nächsten Morgen sahen sie, daß ihre Insel ganz im Wasser verschwunden war. Man sah nur mehr ein paar Bäume und das Dach der Hütte herausragen.[12]

Paulus sagte nachdenklich: „Ohne das Mädchen wären wir wahrscheinlich ertrunken. Wo kann sie nur sein? Ich muß sie wie-

---

[6]*Eisschollen* ice floes   [7]*fackelnden* flickering   [8]*Tauwetter* "thaw weather," time of the spring thaws   [9]*verneinend* negatively   [10]*zuschlug* slammed shut   [11]*flußabwärts* downstream   [12]*herausragen* sticking up out of

dersehen, Vater!" Der alte Mann nickte traurig. Er hatte so seine Gedanken. Wurde das Mädchen gerettet, oder brauchte es keine Rettung, weil es in der Donau zuhause war?

Sein Sohn aber ging von Haus zu Haus und fragte, ob nicht jemand ein Mädchen mit blauen Augen und einem langen grauen Kleid mit Perlen bestickt[13] gesehen hätte. Aber niemand wußte etwas.

Ein paar Monate später saßen der Fischer und sein Sohn wieder bei mondheller Nacht vor der Hütte und lauschten dem Murmeln der Wellen. Der Vater war schon eingenickt,[14] als ein lauer Wind eine traurige Melodie zur Insel herübertrug. Paulus, der seit jener Nacht nicht mehr ruhig sitzen konnte, sprang in das Boot und ruderte den singenden Stimmen nach. Er konnte einfach nicht anders. Nach langer vergeblicher Suche kam er in eine ruhige Bucht.[15] Er seufzte und schaute mit hängendem Kopf in das dunkle Wasser. Und da sah er plötzlich, wie sich ein liebliches Gesicht im Wasser spiegelte. Er erkannte das Mädchen sofort. Er streckte seine Hand nach der ihren aus. Und so tief beugte sich der junge Fischer über den Rand des Bootes, daß er wie verzaubert kopfüber ins Wasser fiel und versank.

Als Paulus nicht mehr nach Hause kam, und andere Fischer das leere Boot zur Insel zurückgebracht hatten, wußte der alte Fischer wohl, was geschehen war. Das Donauweibchen hatte seinen Sohn für immer in das Reich des Donaufürsten geholt.

Die Loreley
(Rheinland-Pfalz)

Im Rheintal bei der Stadt Bacharach steht ein hoher Felsen[16] am Rhein. Für die Schifffahrt bis vor hundert Jahren war diese Stelle ein großes Problem. Viele Boote sanken in den Wirbeln und Stromschnellen[17] der berüchtigten Loreley. Die folgende Version der Sage sucht, wie viele Legenden, eine Antwort für die wiederholten Unfälle an dieser gefährlichen

---

[13]*bestickt* embroidered   [14]*war schon eingenickt* had already nodded off   [15]*Bucht* inlet
[16]*Felsen* cliff   [17]*Wirbeln und Stromschnellen* whirlpools and rapids

Strecke des Rheins. Heinrich Heine, der bekannte deutsche Dichter, schrieb ein Gedicht, das, später als Lied diese Sage zu einer der bekanntesten Deutschlands machte.

Einst lebte in der Stadt Bacharach ein schönes Mädchen. Loreley war so schön, daß alle jungen Männer ihrem Zauber verfielen.[18] Sie war jedoch schüchtern und gottesfürchtig. Ihr Herz gehörte nur Waldomar, einem jungen Ritter. Bevor er aber um Loreleys Hand anhalten konnte, mußte er zuerst seinen Mut beweisen. So schickte ihn sein Herr nach Spanien. Dort sollte er die Pilgerwege zum Grab des heiligen Jakob[19] gegen die Mohammedaner beschützen. Er bestieg also mit vielen anderen Rittern ein Schiff auf dem Rhein und verschwand in der Ferne.

Als Loreley nun so alleine war, gab es sehr viele junge Männer, die an ihre Tür klopften. Manche stritten sich bis aufs Messer und schlugen sich tot, um ihre Gunst zu erwerben.[20] Und je mehr sich die Maid zurückhielt, umso zudringlicher wurden die Freier.[21] Als sie aber keinem ihre Gunst schenkte, klagten sie alle Loreley als Hexe an.[22]

Das hörte der Erzbischof von Köln. Er kam selbst nach Bacharach, um die Anklagen zu überprüfen. Schnell sah er aber die Wahrheit und schickte die frustrierten Ankläger in den Kerker.

„Ich bringe dich an einen sicheren Platz", sagte er zu Loreley, „wo du ruhig auf Waldomars Rückkehr warten kannst. Sollte er aber nicht zurückkommen, dann kannst du Gott in einem Kloster dienen." Und er befahl sodann seinen verläßlichsten[23] Dienern, Loreley zum Kloster und damit in Sicherheit zu bringen.

Auf dem Weg dorthin zogen sie den Rhein entlang. Mit Sehnsucht schaute Loreley von einem hohen Felsen auf den mächtigen Fluß. Und da sah sie in der Ferne ein Schiff. Es kam langsam näher. War es möglich? Waldomar? Und wirklich, hoch auf dem Mast des Schiffes erkannte sie das Wappen[24] ihres geliebten Waldomar.

---

[18]*ihrem... verfielen* succumbed to her charms   [19]*die Pilgerwege... Jakob* the pilgrimage routes to the grave of St. James (Santiago, San Diego)   [20]*Manche... erwerben.* Some quarreled and fought with knives to the death in order to win her favors.   [21]*Freier* suitors   [22]*klagten... an* they accused Loreley of being a witch   [23]*verläßlichsten* most reliable   [24]*Wappen* coat of arms

„Waldomar", hauchte[25] sie und sang sodann den Namen laut und sehnsüchtig hinaus ins Tal des Flusses: „Wa-A-ldo-ma-A-ar!"

Jetzt konnte sie ihn schon sehen. Er stand als glänzender Ritter stolz am Bug des Schiffes und schaute hinauf auf den Felsen. Auch er hatte Loreley erkannt. Die anderen Passagiere und Besatzung des Schiffes starrten alle voll Bewunderung auf das wunderschöne Mädchen hoch oben und hörten ihre melodischen Rufe.

Niemand kümmerte sich um das Schiff. Es trieb langsam in die gefährlichen Strudel und Riffe[26] am Fuße des Felsen. Und mit Getöse[27] zerbrach das Schiff in tausend Stücke. Ein durchdringender[28] Schrei hing in der Luft. Waldomar versank im schäumenden Wasser. Entsetzt stürzte sich[29] Loreley von hoch oben in die Wellen des Rheines. Ein paarmal sah man noch Loreleys flachsblondes Haar über den Wellen. Erst später fand man sie auf einer Sandbank tot in den Armen ihres ertrunkenen Geliebten.

Seit dieser Zeit hört man manchmal das Singen der Loreley an dieser Stelle des Rheins. Viele Schiffer verstopfen sich die Ohren und schauen geradeaus um keinen Schaden zu erleiden.[30] Manche andere wurden aber oft das Opfer der verlockenden Stimme.[31] Sie hoben ihren Blick hinauf auf die Spitze des Felsen und sahen Loreley, die ihr langes blondes Haar kämmte und traurige Lieder dazu sang.

Heute noch liegen unzählige Schiffe und Matrosen in den unruhigen Tiefen des Rheines. Hätten sie doch genau zugehört, wenn die alte Sage erzählt wurde!

Das Lied der Lorelei
Die Lorelei
von Heinrich Heine (1799–1856)

Ich weiß nicht was soll es bedeuten,
daß ich so traurig bin;
Ein Märchen aus uralten Zeiten,

---

[25]*hauchte* whispered   [26]*Strudel und Riffe* eddies and sandbars   [27]*Getöse* roaring
[28]*durchdringender* piercing   [29]*stürzte sich* threw herself   [30]*um... erleiden* to avoid suffering
any harm   [31]*verlockende Stimme* seductive voice

das kommt mir nicht aus dem Sinn.
Die Luft ist kühl und es dunkelt
und ruhig fließt der Rhein;
Der Gipfel des Berges funkelt
im Abendsonnenschein.

Die schönste Jungfer[32] sitzet
dort oben wunderbar,
Ihr güld'nes Geschmeide blitzet,[33]
sie kämmt ihr goldenes Haar.
Sie kämmt es mit goldenem Kamme
und singt ein Lied dabei;
Das hat eine wundersame,
gewaltige Melodei.

Den Schiffer im kleinen Schiffe
ergreift es mit wildem Weh;
Er schaut nicht die Felsenriffe,
er schaut nur hinauf auf die Höh',
Ich glaube die Wellen verschlingen
am Ende Schiffer und Kahn;[34]
Und das hat mit ihrem Singen
die Lorelei getan.

—vertont[35] von Friedrich Silcher 1837

Übungen

A. Fragen zum Inhalt

1. Wie heißt die Stadt in der Nähe des Loreleyfelsens?
2. Wer gewann Loreleys Liebe?
3. Warum konnte Loreley noch nicht heiraten?
4. Was mußte Waldomar tun bevor er ein richtiger Ritter sein konnte?

---

[32]*Jungfer* maiden [33]*Ihr... blitzet* her golden jewelry sparkles [34]*Kahn* boat [35]*vertont* set to music

5. Was passierte in Waldomars Abwesenheit?
6. Wer half der schönen Loreley?
7. Welche zwei Möglichkeiten hatte Loreley?
8. Was ist der tragische Höhepunkt der Geschichte?
9. Was macht heute die Loreley, während sie ihr Haar kämmt?
10. Welche Folgen hat es, wenn man auf das Singen der Loreley hört?
11. Zu welcher Jahreszeit sah Paulus das schöne Mädchen zuerst?
12. Was machen die Fischer meistens im Winter?
13. Was dachte der alte Fischer, als er das Mädchen sah?
14. Wie hoch stieg das Wasser der Donau?
15. Wohin verschwand das Mädchen?
16. Wie zeigte der Sohn sein Interesse an dem unbekannten Mädchen?
17. Wann weiß der Sohn, daß er etwas tun muß?
18. Findet der Sohn das Mädchen? Wo sieht er es?
19. Was ist der Unterschied zwischen dem Donauweibchen und der Loreley?
20. Welcher der zwei jungen Männer, Waldomar oder Paulus, ist romantischer?

B. Welche Stadt liegt an welchem Gewässer?

Benützen Sie eine Landkarte.

1.	Weser	a.	Wien
2.	Donau	b.	Karlsruhe
3.	Isar	c.	Innsbruck
4.	Rhein	d.	Hameln
5.	Bodensee	e.	München
6.	Nordsee	f.	Frankfurt
7.	Elbe	g.	Trier
8.	Main	h.	Konstanz
9.	Mosel	i.	Hamburg
10.	Ostsee	j.	Rostock
11.	Inn	k.	Genf
12.	Rhone	l.	Emden

C. Von wem spricht man?

Wie heißen—oder wer sind „sie" (die folgenden Personen, *er* oder *sie*)?

1. Vielleicht wird diese Person (= sie) in ein Kloster gehen.
2. Sie (= diese Person) kommt auf einem Schiff zurück.
3. Sie möchte dem unglücklichen Mädchen helfen.
4. Sie alle haben von der schönen Frau gehört.
5. Man sagt sie sitzt noch immer hoch oben auf dem Felsen.
6. Sie muß zuerst für das christliche Abendland kämpfen.
7. Sie alle starren auf den Felsen.
8. Ihre Haare waren nicht dunkel.
9. Sie kam nach Bacharach um mit dem Mädchen selbst zu sprechen.
10. Sie waren beide tot.

D. Zusammenfassung

Acht der folgenden Phrasen könnte man gut für eine Zusammenfassung der Geschichte brauchen. Welche sind es? Schreiben Sie diese acht Sätze in chronologischer Folge!

1. Ohren verstopfen
2. spazierengehen
3. ein Schiff kaufen
4. ein wunderschönes Mädchen
5. viele Freundinnen haben
6. ins Kloster gehen
7. im Strudel versinken
8. mit den Passagieren singen
9. Waldomar war einer von vielen
10. von Spanien zurückkommen
11. niemand stirbt
12. gegen die Feinde verteidigen
13. sehnsüchtig warten
14. Ende gut, alles gut
15. um die Hand anhalten

E. Zum Diskutieren (mündlich oder schriftlich)

Beschreiben und kontrastieren Sie die zwei Mädchen an Hand der Information in den beiden Sagen.

Eine Sage aus Südtirol

16 | Der Alrauner

Die Wurzel der Man-
dragorapflanze,[1] Alraune,
Springwurzel *oder auch*
Erdmännchen *genannt, sieht dem
Menschen sehr ähnlich. Sie soll,
wenn man sie aus der Erde zieht,
wie ein schwer verletztes Kind
schreien. Und der, der das hört,
soll großes Unglück leiden. Deshalb
soll ein Hund die Wurzel ausgraben.
Seit Jahrtausenden glaubt man
an die magische Kraft dieser Wurzel.
Kommt man in ihren Besitz und behandelt sie gut,[2] dann hat
man ein starkes Zaubermittel in der Hand und es öffnet sich
so manches Tor, das nicht jeder sehen kann.*

Jakob, der Schafhirt,[3] war einst mit seiner Herde Schafe hoch oben
auf den saftigen Sommerwiesen der Alpen. Die Tiere fraßen hun-
grig die würzigen Kräuter der blühenden Almwiesen.[4] Der Hirt
legte sich zufrieden auf ein weiches Plätzchen bei einem murmelnden Bach und schlief in der warmen Nachmittagssonne ein. Nicht
zu fest, weil ja ein Schafhirt immer an seine Herde denken muß.

Da hörte er plötzlich das ungeduldige Bellen seines Hundes. Als
er seine Augen öffnete, sah er neben sich ein kleines Männchen, das
ihn freundlich anstarrte. „Was willst du?" fragte der erstaunte Hirt.
Der Zwerg zeigte aber nur stumm auf eine graue Felsenwand.

---

[1]*Wurzel... Mandragorapflanze* root of the mandrake plant [2]*Kommt... gut* Should one come to
possess one and treat it well [3]*Schafhirt* shepherd [4]*fraßen... Almwiesen* grazed hungrily on the
delicious plants of the blooming Alpine meadow

Jakob, der nicht wußte, ob er träumte oder wach war, drehte sich um und wollte weiterschlafen. Das Männchen zupfte[5] ihn aber so ungeduldig am Ärmel, bis daß er ihm nachstolperte. Da hörten sie ein dünnes melodisches Jammern. Es klang fast so wie ein Lied:

Mein Knie! Mein Bein! Mein Kopf! Mein Zeh!
Ach helft mir doch, es tut weh!

Und da lag ein wunderliches kleines Wesen, halb vergraben unter losen Steinen am Fuß der steilen Wand. „Wird ja wohl nicht so schlimm sein", brummte der Hirt und fing an, die Steine wegzuräumen. Endlich war es soweit, daß er die Gestalt mit festem Griff aus dem Geröll[6] ziehen konnte. Und da sah er, daß das Wesen wie eine Wurzel aussah. Der Zwerg neben dem Hirt wisperte:

Alraune spring,
Alraune sing,
zeige ihm das Sagenland
solang du bist in seiner Hand!

Jakob schaute die beiden verwundert an. Das Männchen sagte: „Das ist eine Alraune. Du hast sie befreit, und sie gehört jetzt dir. Nimm sie mit und sei gut zu ihr. Laß sie jeden Sonntag frühmorgens an diese Felsenwand klopfen, und sie wird dir das Tor zum Gold des Alpenkönigs öffnen. So wirst du den Lohn für deine gute Tat bekommen. Sei aber vorsichtig! Nimm dir nie mehr als drei Taler![7] Drei sind frei. Das ist sowieso zweimal soviel als dir dein Bauer bezahlt."

Und wie Jakob sich umdrehte,[8] fand er sich dort, wo er vor kurzem gerastet hatte. Er schüttelte den Kopf, lächelte schlaftrunken und wußte nicht, ob er alles nur geträumt hatte.

Nächsten Tag war Sonntag. Jakob wachte frühmorgens auf zu sonderlichen Klängen. Er suchte und tappte in der dunklen Hütte herum, bis er seinen Rucksack und darin die sonderbare Wurzel fand. „Alraune sing…" kam es ihm wieder in den Sinn. Hatte er also doch nicht geträumt?

---

[5]*zupfte* tugged [6]*Geröll* rubble [7]*Taler* old German unit of money [8]*sich umdrehte* turned around

Und weil er keine Ruhe finden konnte, ging er mit der Alraune in der Hand zu der Felsenwand, ließ sie daran klopfen und—ping— da öffnete sich der Berg. Der Hirt trat vorsichtig ein und sah das Leuchten von unzähligen Bergkristallen und Edelsteinen. Und mitten drin in dieser glitzernden Herrlichkeit stand eine große Truhe voll goldener Taler. Mit offenem Mund bestaunte er die Pracht. „Drei sind frei", erinnerte sich Jakob. Er nahm sich, was er durfte und stolperte ins Freie.

So ging es jeden Sonntag, den ganzen Sommer lang. Der Schatz des Hirten häufte sich in einer verborgenen[9] Ecke der Almhütte an. Da kam der Herbst, und die Zeit, die Schafe zurück ins Tal zu bringen. „Der Winter wird lang", sagte sich Jakob. Und er fing an, bei seinen wöchentlichen Wegen zur Felsenwand sich mehr zu wünschen, als ihm erlaubt war.

Als dann der erste Schnee fiel, wollte er nicht mehr länger warten. An diesem letzten Sonntag klopfte er wieder mit der Alraune an die Felsenwand. Er ging in die Höhle, legte die Wurzel neben die Truhe und stopfte sich mit beiden Händen alle Taschen in Hemd, Hose und Jacke voll mit Talern. „Für den langen Winter", murmelte er und sprang aus der Höhle.

In der Almhütte wollte Jakob seinen Reichtum zu den anderen Talern legen. Die hatten sich aber zu seinem Schrecken in nutzlose[10] Steine verwandelt. Verwirrt griff er nach der Alraune in seiner Tasche—aber da fiel ihm ein,[11] daß er sie in seiner Gier[12] neben der Truhe liegen gelassen hatte.

Von jenem Jahr an sah man den unseligen[13] Jakob oft durch die Berge irren. Er suchte in den Steinen nach Höhlen, trommelte verzweifelt an Felswänden und murmelte verrücktes Zeug von Alpenkönigen und Alraunen. Die Leute mieden[14] ihn immer mehr. Nur die Kinder des Dorfes hüpften manchmal hinter ihm her und sangen:

Alrauner, Alrauner, Alrauner,
klopft an jeder Felsenwand

---

[9]*verborgenen* hidden   [10]*nutzlose* useless   [11]*fiel ihm ein* he remembered   [12]*Gier* greed
[13]*unseligen* wretched   [14]*mieden* avoided

mit der Wurzel in der Hand.
Alrauner, Alrauner,
ist ein armer Gauner.

Als er endlich allein und verlassen starb, wurde er in einem Armengrab[15] des Friedhofes begraben. Auf dem Grabstein steht heute noch:

R.J.P.
Hier ruht
Jakob, der Alrauner
Geld
ist nicht alles auf der Welt.

Übungen

A. Richtig oder falsch?

Korrigieren Sie die falschen Aussagen.

1. Ein Schafhirt schläft fest.
2. Springwurzeln sind leicht zu finden.
3. Der Hund weckt Jakob auf.
4. Er rettet einen Zwerg.
5. Jakob wohnt bei einem Bauern.
6. Jakobs Schatz wurde immer größer.
7. In seiner Gier vergaß Jakob die Alraune.
8. Jakob sammelte Steine.
9. Die Kinder im Dorf waren Jakobs Freunde.
10. Alraunen können sprechen.

---

[15]*Armengrab* pauper's grave

B. Fragen zum Inhalt

1. Wie sieht eine Alraune aus?
2. Was ist die Aufgabe eines Hirten?
3. Warum bringt man die Tiere so hoch auf die Alpen?
4. Welchen Lohn bekam der Hirt für seine Hilfe?
5. Welche Jahreszeiten verbrachte der Hirt oben auf den Almwiesen?
6. Wie benützte er die Alraune—und was findet er?
7. Wie verlor er die Springwurzel?
8. Wie war sein Leben am Ende?
9. Was wurde aus seinem Reichtum?
10. Was ist die Moral von dieser Geschichte?

C. Welches Wort paßt nicht?

1. Knie   Kopf   Geröll   Zehen   Hand
2. Felsenwand   Berg   Stein   Bach   Geröll
3. fressen   stolpern   springen   gehen   irren
4. Winter   Hemd   Hose   Jacke   Schuhe
5. Bergkristall   Gold   Taler   Edelstein   Stein

D. Was paßt zusammen?

1. Alraune	a. Schatz
2. Alpenkönig	b. Steine
3. Almwiese	c. Hund
4. Geröll	d. Blumen
5. Reichtum	e. Tor
6. klopfen	f. Springwurzel
7. bellen	g. viel

E. Ein Nachruf

Als Epitaph (Nachruf) steht auf Alrauners Grabstein: Geld ist nicht alles auf der Welt.

Denken Sie an drei berühmte Persönlichkeiten und entwerfen[16] Sie Grabsteine, die dem des Alrauners ähnlich sind.

---

[16]*entwerfen* create

17 | Die Teufelsbrücke

Faustische Geschäfte findet man in Legenden in vielen Kulturen. In der typischen Teufelssage verspricht der Teufel dem, der ihm seine Seele verkauft, die Erfüllung jedes Wunsches: Macht, Geld, Schönheit oder ein langes Leben. Diese Geschäfte—aber besonders die endgültige Einlösung[1] des Versprechens—werden oft zum Wettstreit zwischen menschlicher und teuflischer List. Und man weiss* nie, wer gewinnen wird. In dieser Sage aus der Schweiz baut der Teufel eine Brücke—aber dafür verlangt er einen Preis. Wer wird bei diesem Handel gewinnen—der Mensch oder der Teufel?

Einst lebte hoch oben in den Bergen von Uri ein Hirt. Er liebte eine junge Sennerin. Doch die Wiesen, auf denen ihre Kühe, Ziegen und Schafe weideten,[2] waren jeweils auf der anderen Seite der Reuss. Die Reuss ist heute noch ein wilder Fluss, der durch eine tiefe felsige Schlucht[3] fliesst. Es ist fast unmöglich dieses wilde Wasser zu überqueren. Wollte der Hirt seine Geliebte besuchen, dann musste er immer zweimal die Reuss überqueren. Zuerst mühsam und vorsichtig hin und dann wieder ebenso zurück.

---

*Anmerkung an den Leser: Da diese eine schweizerische Sage ist, wird die in der Schweiz gebräuchliche Schreibweise benützt: *ss* statt *ß*.

[1]*endgültige Einlösung* final payment   [2]*weideten* grazed   [3]*Schlucht* gorge

An einem warmen Tag im Frühling war das Wasser aber viel zu hoch. Der Schnee war geschmolzen, und es schien unmöglich an das andere Ufer zu gelangen. Da hob der Hirt die Faust und rief wütend und verzweifelt: „Nicht einmal der Teufel könnte über dieses verfluchte Wasser ohne eine anständige Brücke!"

Kaum hatte er das gesagt, da sprang der Satan hinter einem Felsen hervor und fragte: „Was gibst du mir, wenn ich dir eine Brücke baue?"

„S-sag d-d-du m-m-mir, w-w-was du da-dafür ha-haben willst", stotterte der Hirt erschrocken.

„Die erste lebendige Seele, die über die Brücke geht", lachte der Teufel und dachte bei sich: „So verliebt wie der ist, kann er sicher kaum erwarten, seinen Schatz[4] zu sehen!"

Der Hirt schlug auf den Handel ein[5] und versprach dem Teufel den gewünschten Lohn. Der Satan rief gleich seine Helfer und die Brücke war in ganz kurzer Zeit fertig. Dann setzte er sich mitten auf die Brücke, rieb sich geduldig seine Hände und freute sich auf seinen Lohn. Er musste aber eine gute Weile warten.

Der junge Mann war inzwischen hoch auf den Berg hinaufgeklettert. Dort suchte er einen seiner ältesten Ziegenböcke. Als er einen gefunden hatte, trieb er ihn ins Tal zur Reuss. Dann stellte er ihn an sein Ende der neuen Brücke. Als der boshafte alte Bock den gehörnten Teufel sah, senkte er den Schädel und galoppierte auf ihn zu. Der Teufel platzte fast[6] vor Zorn. Er packte das arme Tier und fuhr mit ihm hoch in die Luft und zerriss es in tausend Stücke.

Der schlaue Hirt aber lachte den Teufel aus.[7] Von jetzt an konnte er jeden Tag ganz leicht seine Liebste besuchen. Aber bald brauchten die beiden die Brücke sowieso nicht mehr, denn sie lebten zufrieden und glücklich als Mann und Frau zusammen auf der einen Seite des Flusses.

Die Brücke heisst seitdem die Teufelsbrücke. Die Leute sind aber noch immer ein bisschen vorsichtig, wenn sie die Teufelsbrücke benützen. Es ist nicht so ganz geheuer,[8] denn immer wieder fehlen ein paar Steine, die ersetzt werden müssen, so dass die Brücke eines

---

[4]*Schatz* sweetheart (treasure)   [5]*schlug... ein* agreed to the deal   [6]*platzte fast* almost burst
[7]*lachte... aus* laughed at the devil   [8]*nicht... geheuer* quite eerie, spooky

Tages nicht gar zusammenfällt. Die Leute sagen, das sei die Rache des Teufels. Das kümmert aber die heutigen Autofahrer kaum, wenn sie eilig auf dem Weg nach Süden die Brücke überqueren.

Übungen

A. Suchen Sie im Text Wörter, die mit den Alpen zu tun haben:

1. der B —— —— ——
2. die K —— ——
3. w —— —— —— —— ——
4. der S —— —— —— —— —— —— —— ——
5. der S —— —— —— —— ——
6. der F —— —— —— —— ——
7. die W —— —— —— ——
8. die S —— —— —— —— —— —— ——
9. der Z —— —— —— —— —— —— —— ——
10. die S —— —— —— —— —— —— ——

B. Wählen Sie die richtige Phrase oder das richtige Wort.

1. Manche Leute haben heute noch Angst wegen
   a. der Tiere in den Alpen.
   b. der Probleme mit der Brücke.
   c. der Geschichte der Teufelsbrücke.

2. Hoch oben in den Bergen findet man nicht viele
   a. Tiere.
   b. Wiesen.
   c. Menschen.

3. Am Anfang sind der Hirt und die Sennerin
   a. verliebt.
   b. verlobt.
   c. verheiratet.

4. Die Arbeit der Sennerin auf der alpinen Sommerwiese ist es,

   a. Käse zu machen.
   b. die Tiere zu füttern.
   c. Hirten zu suchen.

5. Der Hirt machte den Teufel wütend, weil er

   a. eine Brücke brauchte.
   b. die Sennerin heiratete.
   c. ihm den falschen Lohn gab.

6. Der Teufel musste warten, weil der Hirt

   a. seinen Schatz besuchte.
   b. den Lohn holte.
   c. Käse machte.

7. Dass von der Brücke manchmal Steine fehlen, ist

   a. die Schuld des Ziegenbocks.
   b. die Rache des Teufels.
   c. das Problem der Autofahrer.

8. Alte Ziegenböcke sind oft

   a. sehr aggressiv.
   b. sehr schwer zu finden.
   c. gute Wachtiere.

9. Der Teufel denkt, der Hirt gibt ihm seine Seele, um

   a. viel Geld zu bekommen.
   b. mehr Macht zu haben.
   c. sich einen Wunsch zu erfüllen.

10. Diese Sage aus dem Kanton Uri ist eine typische

   a. Faustlegende.
   b. Alpengeschichte.
   c. Teufelsidee.

C. Fragen zum Inhalt

1. In welcher Landschaft lebten die Sennerin und der Hirt?
2. Warum konnten sie sich nicht so oft besuchen?
3. Wann ist das Überqueren des Flusses besonders schwierig? Warum?
4. Der Teufel hilft nie umsonst. Was ist sein Preis?

5. Warum war der Hirt mit dem „Geschäft" so schnell einverstanden?

6. Baute der Teufel die Brücke ganz allein?

7. Wie konnte der Teufel so schnell das Projekt fertig machen?

8. Wo wartet Satan auf seine Bezahlung? Bekam er, was er erwartete?

9. Was haben der Ziegenbock und der Teufel gemeinsam?

10. Was passiert mit dem Hirten und der Sennerin am Ende?

D. Welches Wort passt nicht?

1. weiden   tosen   fliessen   überqueren   schmelzen

2. Wiese   Kuh   Sennerin   Autofahrer   Milch

3. lachen   suchen   versprechen   rufen   stottern

4. klettern   besuchen   galoppieren   senken   fahren

5. Geld   Macht   Schönheit   Glück   Weile

E. Zum Nachforschen

1. Suchen Sie auf einer Landkarte oder im Atlas die wichtigsten Pässe, die höchsten Berge und grösseren Flüsse in der Schweiz und in Österreich. Dann

   a. schreiben Sie eine Liste mit der Höhe dieser Pässe und Berge, und die Namen der Flüsse.

   b. folgen Sie der Reuss vom Anfang bis zum Ende und schreiben Sie alle wichtigen Punkte auf (Städte mit Sehenswürdigkeiten, Berge, Seen, Länge der Reuss, Höhenunterschiede) und in welchen Fluss sie mündet.[9]

2. Suchen Sie Information über Faust in der Literatur und bereiten Sie ein Referat für die Klasse vor.

---

[9]*mündet* empties into

Vokabeln (Deutsch-Englisch)

This vocabulary includes words and phrases from the legends and exercises. Excluded from the Vocabulary are basic vocabulary words, modal verbs, pronouns, possessives, obvious cognates, and proper nouns. Irregular verbs list the **infinitive** (**[3rd person sing.] past, past participle**) forms as indicated. Reflexive verbs are listed with *sich*. The comparative forms for adjectives and adverbs are indicated only if they are irregular. The gender of nouns is indicated by **der** (*masc.*), **die** (*fem.*), or **das** (*neu.*) The plural forms of nouns are indicated only if they are unusual or significant.

    Abbreviations used: *adj.*, adjective; *adv.*, adverb; *acc.*, accusative; *dat.*, dative; *gen.*, genitive; *pl.*, plural; *subj.*, subjunctive mood (*Konjunktiv*).

A

ab starting in/at; from
ab und zu now and then
das Abendbrot supper, evening meal
das Abenteuer adventure
abkühlen to cool down, off
die Abrechnung accounting, reckoning
    der Tag der Abrechnung day of reckoning
abschlagen to cut off, strike off (a thing)
abschließen to make, enter into
    eine Wette abschließen to make a bet
absetzen to put (something) down
ächzen to groan, moan
achtlos careless
der Ackerbau farming
ähnlich similar
    jemandem ähnlich sehen to resemble someone
die Ahnung idea, inkling

    keine Ahnung no idea, no inkling
ahnungslos unsuspecting
allein alone
aller of all
allerlei all kinds of
die Alm Alpine pasture
    die Almhütte Alpine hut
    die Almwiese Alpine meadow
die Alpen (*pl.*) the Alps
der Alpenkönig Alpine king, king of the Alps
die Alraune mandrake root
alsbald forthwith
die/der Alte old woman/man
das Alter age
    im Alter von at the age of
das Althochdeutsch Old High German
andere(n) other, others
anders different
anfallen to assault, attack
anfangen (fing an, angefangen) to start, begin

angenehm pleasant
Angst haben to be scared, frightened
   angst und bange (*dat.*) very
     frightened
   voll Angst very frightened
anhalten
   um Loreleys Hand anhalten to ask
     for Loreley's hand in marriage
die Anklage accusation, charge
der Ankläger accuser
anklagen to accuse (of), charge (with)
   als Hexe anklagen to accuse of
     being a witch
anknurren to snarl, growl at
ankommen (**kam an,** ist
   angekommen) to arrive
annehmen to accept
anrennen to run toward
anschauen (= *ansehen*) to look at
ansehen (**sah an, angesehen**) to look
   at
ansetzen to put (*a drink*) to one's lips
sich **ansiedeln** to settle
der Ansiedler settler, colonist
die Ansiedlung settlement
anständig proper
anstarren to stare at
antreiben to drive on, urge on
die Antwort answer
antworten to answer, reply
die Anwesenheit presence
(sich) **anziehen** (**zog an, angezogen**)
   to put on (*clothes*)
anzischen to hiss at
anzünden to light (a fire), ignite
arg bad(ly)
ärgern to annoy, aggravate
arm poor
der Ärmel sleeve
das Armengrab pauper's grave
die Art kind, type; way
die Asche ash, ashes
der Ast branch
aß *See* **essen.**
der Atem breath
atemlos breathless, out of air

auch also, too
aufblitzen to flash, flare up, sparkle
auffordern to challenge
auffressen (**fraß auf, aufgefressen**) to
   devour
die Aufgabe task, assignment
aufgestellt raised, perked up
sich **aufmachen** (**nach**) to set out (for)
aufnehmen to take in, accept
aufrecht upright
sich **aufregen über** (*acc.*) to become
   worked up about
aufstehen (**stand auf, aufgestanden**)
   to stand up, get up
Aufstieg und Ende rise and fall
der Auftrag assignment, task
aufwachen to wake up
das Auge(n) eye(s)
der Augenblick moment, instant
ausbrechen (**brach aus, ausgebrochen**)
   to break out
ausdauernd unflagging, enduring,
   tenacious
sich **auseinandersetzen mit** to take on
ausführen to carry out (*command*)
sich **ausgeben als** to claim to be
ausgelassen boisterous, frolicsome
ausgesprochen real, definite,
   pronounced
ausgiebig rich, productive
   auf das ausgiebigste to the nth
     degree
ausgraben to dig out
auslachen to laugh at
ausnutzen to take advantage of
die Ausrede excuse
sich **ausruhen** to rest
ausrutschen to slip, lose one's footing
ausschütten to pour out
aussehen ([**sieht**] **sah aus,**
   ausgesehen) **wie** to look like
aussenden (**sandte aus, ausgesandt**)
   to send out, disperse
außerhalb (*gen.*) outside (of)
ausstrecken to stretch out
aussuchen to select, choose

austreiben to drive out; take a thing
  out of someone
(sich) ausziehen (zog aus,
  ausgezogen) to take off one's
  clothes
der Autofahrer motorist
die Axt axe

B

das Bad bath
der Bach brook
die Backe cheek
baden to bathe, swim
bald soon
der Balken (wooden) beam, joist
band zu *See* zubinden.
der Bänkelsänger ballad singer
der Bart beard
bat *See* bitten.
der Bau construction
der Bauch belly, stomach
bauen to build
der Bauer farmer, peasant
der Baumstumpf tree stump
der Becher cup, goblet
bedeckt covered
bedeuten to mean
bedrohen to threaten
befahl *See* befehlen.
der Befehl order, command
  den Befehl ausführen to carry out
    the command
befehlen (befahl, befohlen) to order,
  command
befestigt fortified
befreien (von) to free (from), to rid
  (of)
sich begeben (begab, begeben) to go,
  set out
die Begebenheit event, incident
begraben (begrub, begraben) to bury
das Begräbnis funeral
behaupten to claim
bei sich to himself
der Beifall approval

das Beil hatchet
das Bein leg
das Beispiel example
  zum Beispiel (z.B.) for example
beißen (biß, gebissen) to bite
bekannt well-known, familiar
sich beklagen to complain
bekleidet clothed, dressed
bekommen (bekam, bekommen) to
  get, receive
beladen loaded, bearing
beliebt popular, beloved
die Beliebtheit popularity
das Bellen barking
bemerken to notice
benützen to use
bequem comfortable
bereit ready, prepared
der Berg mountain
bergab downhill
der Berggeist mountain spirit
der Berghang slope of a mountain
der Bergrücken ridge of a mountain
sich beruhigen to calm oneself down
berüchtigt notorious
berühmt famous
berühren to touch
beschenken to give gifts
  reich mit Gold und Silber
    beschenken to shower with gifts
    of gold and silver
beschließen (beschloß, beschlossen)
  to decide, determine
beschützen (vor, *dat.;* gegen) to
  protect (from), guard (against)
beschwören to implore, entreat
die Besatzung crew
besetzen to occupy
besiegen to conquer, vanquish, defeat
der Besitz possession(s)
der Besitzer owner
besonders especially
besorgen to obtain, get (*for someone,*
  dat.)
bestaunen to marvel at, look on in
  amazement

besteigen (bestieg, bestiegen) to board (ship)
bestickt embroidered
die Bestie beast
bestrafen to punish; prosecute
besuchen to visit
das Bett bed
betteln to beg
der Bettler beggar
beugen to decline (*grammar*)
sich **beugen (vor,** *dat.*) to bend over; bow (to)
die Bevölkerung population
bevorstehen to lie ahead, be in store (for, *dat.*)
bewachen to watch over, guard
sich **bewegen** to move, make motion
bewegungslos motionless
beweisen to prove
bewirten to serve (*drinks, food*)
bewohnen to inhabit, live in, on
die Bewohner (*pl.*) inhabitants
die Bewunderung admiration
bewußt deliberately, intentionally
bezahlen to pay
die Bezahlung payment
die Bezeichnung designation, name, label
bezwingen to defeat, overcome, conquer
der Bezwinger conqueror
das Bild picture
bis auf to, up to
bißchen little bit
der Bischof bishop
bissen *See* **beißen.**
bitten (bat, gebeten) (um) to ask (for), request
blasen (blies, geblasen) to blow
das Blechschild brass plate
bleiben (blieb, ist geblieben) to stay, remain
  nichts übrig bleiben (*dat.*) to have no recourse, have no other choice (than)

bleich pale
der Blick glance, gaze, look
blicken to look, glance
blieb *See* **bleiben.**
blies *See* **blasen.**
blindlings rashly, recklessly
der Blitz lightning
blühen to bloom
  blühend blooming, flowering
das Blut blood
der Bock billy goat
bodenlos bottomless
das Boot(e) boat(s)
das Bord board
  an Bord on board
  von Bord gehen to go ashore
böse bad, evil, wicked, mean
  das Böse evil, wickedness
boshaft mean, vicious
der Bote messenger
der Botengang (-gänge) errand
brach aus *See* **ausbrechen.**
brachte *See* **bringen.**
der Brand fire
brauchen to need, require
die Braut bride, fiancée
braten (briet, gebraten) to roast
brennend burning
briet *See* **braten.**
bringen (brachte, gebracht) to bring, take (to)
das Brot bread
die Brücke bridge
der Bruder (Brüder) brother(s)
brüllen to roar
brummen to grunt, grumble
  vor sich hinbrummen to mumble to oneself
die Brust chest, breast
die Bucht inlet
der Bug bow (*ship*)
bunt colorful
die Burg castle, palace
der Bürger citizen
der Bürgermeister mayor
der Bursche boy, fellow, guy

C

ca. circa (*Lat.*), approximately, around (*date*)
christlich Christian
die Chronik chronicle

D

da drüben over there
dabei at the same time, in the process
das Dach roof
der Dachboden attic
dachte *See* **denken.**
dafür for it, in exchange
daher therefore, for that reason
damalig then, of that time
damit so that
dampfen to steam
der Dampfer steamship, steamer
dankend thankful
dann then
daraufhin thereupon, as a result
darstellen to portray
davonfliegen (flog davon, ist davongeflogen) to fly away
davonlaufen (lief davon, ist davongelaufen) to run away
demütig humbly, submissive(ly)
demütigen to humiliate
denen which (*pl.*)
  mit denen with which
denken (dachte, gedacht) (an) to think (about)
das Denkmal monument
deshalb therefore, for that reason
dessen his, that one's
dicht dense, thick
der Dichter poet
dick thick
das Dickicht thicket
der Diebstahl theft
dienen to serve
  dazu dienen to serve to
der Diener/die Dienerin servant
  getreuer Diener faithful servant
dieselben the same ones

diesmal this time
doch however, after all
die Donau the Danube river
der Donaufürst Prince of the Danube
das Donauweibchen Danube Maiden
Donnerwetter! thunderation!
das Dorf village
der Dorfschullehrer village schoolmaster
dorthin (to) there
der Drache dragon
der Drachentöter dragon slayer
drängen to insist
draußen outside
sich drehen to turn, revolve
dreinschlagen to strike (lightning, etc.)
drohen to threaten
der Dudelsack bagpipe
der Dummkopf (-köpfe) idiot(s)
dunkel dark
die Dunkelheit darkness
dunkeln to grow dark
dünn thin, fine, weak
durchdringend piercing
durchnässen to soak through and through
durchqueren to cross
durchwandern to roam, wander through
dürr barren
der Durst thirst

E

echt genuine, real
eben even, precisely
ebenso just as
die Ecke corner
der Edelstein precious stone, jewel
e.h. (eigenhändig) by his own hand
der Ehrenmann man of honor, man of his word
der Eidam son-in-law (*poetic*)
eifrig eager(ly)
eigen(e) own
eigentlich actually

eilig hurriedly, quickly
einfach simple
einfallen (*dat.*) to occur to, remember
einfüllen fill, pour in
einhauen (**hieb** [**haute**] **ein, eingehauen**) to fall upon, attack
einige some, a few
einladen (**lud ein, eingeladen**) to invite
die Einladung invitation
einlassen to let in, admit, receive
die Einlösung payment
einmal once, at one time
einnehmen (**nahm ein, eingenommen**) to capture, take possession of
einnicken to nod off
einsam lonely
einschlafen (**schlief ein, eingeschlafen**) to fall sleep
einschlagen (**schlug ein, eingeschlagen**) **auf** to agree to
einst once (upon a time)
eintreten (**trat ein, eingetreten**) to enter, go in
einverstanden mit in agreement with, agreeable to
der Einwohner inhabitant, resident
die Eisscholle ice floe
das Eisen iron, anvil
das Eisenpfännlein little iron pan
die Eltern (*pl.*) parents
empfangen (**empfing, empfangen**) to receive, make welcome
empört indignant
endgültig final(ly), once and for all
endlich finally
eng confined, tight, narrow
  von ihren engsten Freundinnen by her closest friends
die Enge (narrow) confines, tight space
der Enkelsohn grandson
die Entfernung distance
entgegen toward, in the direction of

entgegengesetzt opposite, contrasting
entgegnen reply, retort
entkommen to escape (from)
entlang along
entschlossen determined, resolute
  kurz entschlossen decided without a moment's hesitation
das Entsetzen horror, terror, dismay
entsetzt horrified
entstehen (**entstand, entstanden**) to arise, come into being
die Entstehung formation, origin
enttäuscht disappointed
entweder... oder either... or
entweichen (**entwich, entwichen**) to get away from
entwerfen to create
erbarmen to show mercy, be merciful
erbarmungslos merciless
erbauen to build, construct
der Erbe heir, inheritor
das Erbe inheritance, legacy
erbeben to shake, quake
die Erbse pea
die Erde earth
das Erdmännchen gnome
erfahren (**erfuhr, erfahren**) to find out, discover
die Erfahrung experience
erfinden to invent
erfüllen to fulfill
die Erfüllung fulfillment, realization
ergeben (*adj.*) humble
erglühen to glow
ergreifen (**ergriff, ergriffen**) to grasp, grab hold of; seize, arrest
sich **erheben** (**erhob, erhoben**) to get up, rise
erhoffen to hope for, expect
  war zu erhoffen was likely, was to be expected
sich **erinnern** to remember
die Erinnerung remembrance
erkennen (**erkannte, erkannt**) to recognize

erklären to explain
die Erklärung explanation
die Erkrankten (*pl.*) the sick (people)
das Erlebnis experience, event
erleiden to suffer, incur (*damage*)
ermutigend encouraging
erneut anew, renewed
ernst serious
die Ernte harvest
erobern to conquer, capture
erpressen to squeeze (money out of), extort
erreichen to reach
errichten to erect, build
die Erschaffung creation, making
erscheinen (**erschien, erschienen**) to appear
erschien *See* **erscheinen.**
erschöpft exhausted
erschrocken (*adj./adv.*) startled, frightened
erschrecken (**erschrak, erschrocken**) to be frightened, alarmed
ersetzen to replace
erst not until; originally, at the outset; first
  erst später not until later
erstaunt amazed
ertrinken (**ertrank, ertrunken**) to drown
erwachen to awaken
erwachsen adult
erwarten to await, expect
sich **erwerben** to gain, acquire
erzählen to tell, recount
essen (**[ißt] aß, gegessen**) to eat
der Erzbischof archbishop
etwas dagegen tun to do something about it
die Ewigkeit eternity

F

fackelnd flickering
fahren (**fuhr**, ist **gefahren**) to go, travel
der Fall (**Fälle**) (*grammatical*) case(s)

fallen (**fiel**, ist **gefallen**) to fall
fällen to fell (trees)
der Fang catch
fangen (**fing, gefangen**) to catch
farbenfroh colorful
fauchen to snarl, hiss
faul lazy
die Faust fist
faustisches Geschäft Faustian business; the business of selling one's soul to the devil
fehlen to be missing, absent, lacking
der Feierabend quitting time
feiern to celebrate
die Feiertagskleider (*pl.*) festive clothes
der Feind enemy
die Feindschaft enmity, animosity
der Feinschmecker gourmet
das Fell fur, pelt
der Felsblock (**-blöcke**) boulder(s)
der Felsen rock, cliff
das Felsenriff(e) rocky reef(s)
die Felsenwand face of a cliff
felsig rocky
der Fenstersturz defenestration
die Ferne distance
  in weiter Ferne far away (from home)
die Fernsehserie television series
fertig finished, completed
fest firm(ly), fast (asleep)
das Fest festival, celebration, party
festhalten to hold on tight
die Festung fortress
das Feuer fire
feurig fiery
fiel *See* **fallen.**
finden (**fand, gefunden**) to find
fing an *See* **anfangen.**
finster dark, ominous(ly)
die Firmung confirmation (*religious*)
der Fischteich fish pond
das Fleisch meat
fleißig hard working, industrious
flicken to mend, patch

fliegen (**flog**, *ist* **geflogen**) to fly
fliehen (**floh**, *ist* **geflohen**) to flee, escape
fließen (**floß**, **geflossen**) to flow
flink quickly
flog *See* **fliegen**.
die **Flöte** flute
flötend flute-playing
fluchend cursing, swearing
flüchten to flee
der **Fluchtweg** escape route
der **Fluß** stream, river
flußabwärts downstream
folgen (*dat.*) to follow
  folgend following
fordern to demand
fort gone
fortziehen to move away
die **Franken** the Franks
fraß *See* **fressen**.
das **Fräulein** young lady, unmarried woman
frech fresh, impudent
der **Freier** suitor
der/die **Fremde** stranger, foreigner
der **Fremdenführer** travel guide
fressen (**fraß**, **gefressen**) to devour (animals), eat
die **Freude** joy
freudig happily, joyously
sich **freuen auf** to look forward to, to anticipate
sich **freuen** (**über**) to be happy, glad (about)
freundlich friendly
der **Frieden** peace
der **Friedensvertrag** peace treaty
der **Friedhof** cemetery
friedlich peaceful
frisch fresh, refreshened
  frisch gewagt ist halb gewonnen a good start is half the battle
froh happy
fröhlich merry, happy
der **Frosch** frog
der **Frühling** spring

fügen to add (*to*)
sich **fügen** (*dat.*) to yield to, resign oneself to
  mich dem Schicksal fügen to resign myself to fate
sich **fühlen** to feel
fuhr *See* **fahren**.
führen to lead, guide
  Krieg führen to wage war
füllen to fill
funkeln to sparkle, glitter
funkensprühend sparking, showering sparks
fürchten to fear, be afraid
furchtlos fearless
furchtsam afraid
die **Furt** ford, river crossing
der **Fürst** prince
der **Fuß** foot
  am Fuß at the foot (of)
der **Fußboden** floor

G

gab *See* **geben**.
gähnend wide, yawning
der **Galgenhumor** gallows humor
ganz entirely, completely
gar even
gar nicht not at all
die **Gasse** lane, way, street
der **Gast** (**Gäste**) guest(s), customer(s)
das **Gasthaus** (**-häuser**) inn, restaurant
der **Gauner** rogue, swindler
gebannt spellbound, fascinated
geben (**gab**, **gegeben**) to give
  es gibt/gab there is/was
der **Gebetsmantel** (**-mäntel**) prayer shawl(s)
das **Gebiet** region, area
das **Gebilde** thing, creation
das **Gebirge** mountain range
das **Gebrüll** roaring, bellowing
das **Gebüsch** bushes, underbrush
der **Gedanke(n)** thought(s), conjecture(s)

gedeckt set (table)
das Gedicht poem
geduldig patiently
geerntet harvested
die Gefahr danger, peril
gefährlich dangerous
gefallen (gefiel, gefallen, *dat.*) to like, be pleasing to
die Gefangennahme imprisonment, capture
gefangennehmen to take prisoner, capture
gefiel *See* **gefallen.**
das Geflügel poultry
das Gefolge retinue, entourage
gefürchtet feared
die Gegend region, area
das Gegenteil opposite
    ganz im Gegenteil in exact opposition, quite the contrary
geheim secret(ly)
geheimnisvoll mysterious
gehen (ging, ist gegangen) to go
geheuer eerie, spooky
gehorchen (*dat.*) to obey
gehören (zu, *dat.*) to belong to
gehörnt horned
der Geigenspieler fiddler
der Geist (-er) ghost(s), spirit(s)
der Geizhals miser
der Geizkragen miser, tightwad
das Gekeife nagging, scolding
gelang *See* **gelingen.**
gelangen to reach, get to
die Gelegenheit occasion
der Gelehrte scholar, learned man
die/der Geliebte lover, sweetheart
geliebte beloved, dear
gelingen (gelang, gelungen, *dat.*) to succeed, manage to
    es gelang ihm nicht he failed
die Gemeinde community, congregation
gemeinsam (in) common
das Gemüse vegetable
der Gemüsegarten vegetable garden

genau exact(ly), precise(ly)
gerade just, right then
geradeaus straight ahead
das Geräusch noise, sound
gerecht fair, just, proper(ly)
das Gerippe skeleton, skeletal remains
geritten *See* **reiten.**
das Geröll pebbles, rubble
das Gerücht rumor
gerüttelt und geschüttelt rattled and shaken
Gesagt, getan! No sooner said than done!
der Gesang singing, song
das Geschäft business, deal
geschehen (geschah, ist geschehen) to happen
das Geschehnis (-se) event(s), occurrence(s)
das Geschenk present, gift
die Geschichte story; history
geschichtlich historic
der Geschichtsschreiber historian
das Geschmeide jewelry, trinkets
das Geschnapp snap, chomp
geschnitten cut
der Geselle journeyman; colleague
sich gesellen zu to associate with
die Gesellschaft company, party, companionship
das Gesicht face
gespannt tense, in suspense
gespenstisch ghostlike, eerily
das Gespräch conversation
die Gestalt shape, form
gestehen to admit
gestohlen stolen
gestört disturbed, bothered
gestützt auf propped up against
das Getöse roar, crash
getrennt separate, divided
getrocknet dried
gewaltig powerful, mighty
das Gewässer waters, bodies of water
gewinnen (gewann, gewonnen) to gain, earn, acquire; win

gewohnt usual, customary
  wie gewohnt as usual
gezielt with careful aim, controlled
das Gezwitscher chirping
die Gier greed
der Gipfel peak, summit
gifttriefend dripping with poison
ging *See* **gehen.**
glänzend gleaming
der Glaube belief
  im Glauben in the belief, believing
    that
glauben (an, *acc.***)** to believe (in)
gleich right away; equal
glitzern to glitter, sparkle
das Glück luck, good fortune
glücklich happy
glucksen to gurgle
glühen to glow
die Glut glow, heat
die Gnitaheide name of a heath or
    moor (*Heide*)
gottesfürchtig God-fearing, pious
der Grab grave
der Grabstein gravestone, headstone
gräßlich dreadful
grauen (*dat.***)** to dread, have a horror of
grauenvoll horrible, terrible
grausam cruel, inhuman
grausig gruesome, horrible
greifen (griff, gegriffen) to grasp, grip,
    hold
die Greise (*pl.***)** old people
die Grenze border
grenzenlos boundless, immense
der Greuel horror, outrage
die Greueltat horrible deed
griff *See* **greifen.**
der Griff grip, grasp
grölen to shout
  grölend shouting, bawling
groß (größer, am größten) big, large
die Grube pit
gründen to found, establish
gründlich thoroughly
grünen to turn green

die Gunst favor
  keinem ihre Gunst schenkte
    granted her favors to none
der Gürtel belt
gutmütig good-natured

H

das Haar hair
der Hahn rooster
die Hälfte half
  auf die Hälfte by half
hallen to echo, resound
der Hals neck, throat
halten (hielt, gehalten) to hold; keep,
    hold to; stop, halt
der Hammer hammer
die Hand (Hände) hand(s)
  zur Hand gehen to lend a hand
der Handel transaction, deal
handeln von to deal with, cover
    (a topic)
das Handwerk craft, trade
der Handwerker artisan, craftsman
der Hang slope, incline
hängen (hing/hängte,
    gehangen/gehängt) to hang
die Harmonika concertina, an
    accordion-like instrument
hart (härter, am härtesten) hard,
    tough
der Hase hare
hätte(n) if he/she/they had; would
    have (*subj.*)
  Hätten sie doch… If only they
    had…
hauchen to whisper breathily
der Hauptmann captain, leader
der Haufen heap, pile
Haus und Hof house and home
hausen to dwell, be at home (in, on)
die Hausgenossen (*pl.***)** housemates,
    others in the house
die Haut skin
  mit Haut und Haar with hide and
    hair, completely

heben (hob, gehoben) to lift, raise

das Heck stern (*ship*)

das Heer army, multitude

heftig violently, vigorously

der Heide pagan, heathen

heidnisch pagan, heathen

heilig holy, sacred

die Heimat homeland, home

  der Heimatort home town

  die Heimatstadt home town

heimlich secretly

der Heimweg way home

  sich **auf den Heimweg machen** to set off/head for home

der Heinzelmann brownie

heiraten to marry, get married

heiß hot

heißen (hieß, geheißen) to be named

der Held hero

das Heldenepos heroic epic

die Heldentat heroic deed

helfen ([er hilft] half, geholfen) to help, aid

hell hearty (laughter)

heranwachsen (wuchs, gewachsen) to grow up, become adult

die Herausforderung challenge

herauskommen to come out of

herausragen to jut up, stick out

herausschwappen to spill over

heraussteigen (stieg heraus, ist herausgestiegen) to climb out

herausziehen (zog heraus, herausgezogen) to pull out

die Herberge inn

die Herde herd, flock

herfallen (fiel her, hergefallen) über to fall upon, attack

die Herkunft place of origin

der Herr sovereign, master, lord

die Herrin (noble) mistress

herrlich magnificent

die Herrlichkeit magnificence, splendor

herübertragen (trug herüber, herübergetragen) to carry across/over

herumlaufen to run around

herumreichen to reach around, extend around

herumreiten to ride around

herumstehen to stand around

herumtappen to feel, grope about

herumtreiben to knock about, hang out at (*coll.*)

herunter down

herunterkommen (kam herunter, ist heruntergekommen) to come down

hersagen utter, to call forth

hervorspringen (sprang hervor, ist hervorgesprungen) to bound forth, leap forth (*from*)

das Herz heart

die Herzenslust heart's desire

herzhaft boldly, heartily

der Herzog duke

das Heufeld hayfield

heulend howling

heutig present, today's

heutzutage nowadays, these days

die Hexe witch

hieb (ein) See **(ein)hauen.**

hielt See **halten.**

die Hilfe help

hilf uns! help us!

hilfreich helpful

der Himmel heaven; sky

hin gone, used up; to (there)

  ein wildes Hin und Her great confusion

  hin und her back and forth

  hin und wieder now and then

  hin und zurück there and back, round trip

hinaufklettern to climb up

hinaufsteigen (stieg hinauf, ist hinaufgestiegen) to climb up/out

hinaufziehen (zog hinauf, ist hinaufgezogen) to pull up

**hinausspringen (sprang hinaus,
hinausgesprungen)** to jump out
**hineinwerfen (warf hinein,
hineingeworfen)** to throw/toss in
hinfallen (fiel hin, ist hingefallen) to
fall down
hing *See* **hängen.**
vor sich **hinnicken** to nod off
hinten in the back, to the rear
hinterlassen to leave behind
sich **hinsetzen** to sit down
hinunterfallen to fall down
hinunterlaufen to run down, course
hinunterschleppen to drag down
hinzufügen to add (a comment), say
something else
die Hirschhaut deerskin
der Hirt shepherd
die Hitze heat
hob *See* **heben.**
hoch (höher, am höchsten/höchste)
high
Hoch lebe…! Long live…!
die Hochzeit wedding
die Hochzeitsglocken (*pl.*) wedding
bells
der Hof court
hoffnungsvoll hopefully
die Höhe height(s)
die Höhle cavern, cave
höhnisch scornfully
holen to fetch, get, take
der Holzhammer wooden hammer
die Holzkohle charcoal
hören to hear
Hört! Listen!
die Hose pants
die Hosentasche pants pocket
die Hüfte hip
der Hügel hill
der Hund dog
die Hungersnot famine
hüpfen to hop, skip, bounce
hustend coughing
der Hut hat
die Hütte hut

I

die Idee idea
immer always; keep on (doing) *with
adj./adv.*
indessen (*adv.*) in the meantime
das Interesse interest
die Insel island
inzwischen in the meantime
irren to wander aimlessly, go astray;
err, be mistaken

J

der Jagdhund hunting dog
jagen chase; sic (*dog*) on (**auf**); hunt
der Jäger hunter
das Jahr year
jahraus jahrein year in, year out
das Jahrhundert century
das Jahrtausend millennium
jammern to lament, bemoan
das Jammern whining, moaning
jauchzen to cheer, rejoice
jede (-er, -es, -en, -em) each
jedoch however
jemand someone, anyone
jeweils at various times
jubeln to rejoice, shout with joy
der Jude(n) Jew(s)
jüdisch Jewish
jugendlich youthful, young
der Junge boy, young man
die Jungen babies, young; boys
das Jungfer maiden
der Jüngling young man
das Juwel jewel

K

der Käfig cage
der Kahn boat, skiff; barge
der Kaiser emperor
kalfatern to caulk
der Kamm comb
kämmen to comb
kämpfen to fight, struggle, combat

der Kampf(streit) struggle, fight, battle
auf in den Kampf! to battle!
der Kanton canton (Swiss province)
der Karren cart, wheelbarrow
der Käse cheese
der Käufer buyer
der Kaufmann merchant, businessman
kaum hardly
kegelförmig conical, cone-shaped
kennen (kannte, gekannt) to know, be familiar with (person or thing)
der Kerker dungeon; prison
der Kerkermeister jailer
der Kerl fellow
das Kerzenlicht candlelight
die Kette chain
in Ketten legen to put in chains
der Kieselstein pebble
das Kind (Kinder) child (children)
das Kindermädchen nanny
das Kinn chin
das Kino movie theater
die Kirche church
die Kirchglocke church bell
der Kirchturmuhr church steeple clock
klagen to complain, lament
der Klang (Klänge) sound(s)
klären to clear
klatschen to clap, applaud
das Kleid (-er) dress; (*pl.*) clothes
klettern to climb
klingen (klang, geklungen) to ring, sound
klopfen to knock, tap
das Kloster convent
der Knabe boy
knallen to bang, crack, pop
der Knecht servant
kneten to knead
das Knie knee
das Knistern crackling, popping, sizzling
knuspriges crispy
der Kobold gnome
kochen to cook

der Köhler charcoal-maker, charcoal-burner
kommen (kam, ist gekommen) to come
Köln Cologne
der König king
königlich royal
der Kopf head
die Kopfgröße head size
der Kopfpreis reward, bounty
einen Kopfpreis aussetzen to set a price on someone's head
kopfschüttelnd shaking one's head
kopfüber headfirst
der Korb basket
das Korn grain
der Kornmarkt grain market
krächzend cawing
die Kraft power, strength
kräftig powerful, mighty
kraftstrotzend bursting with strength
krampfhaft frantic, desperate
sich kratzen to scratch oneself
das Kraut (Kräuter) herb(s)
der Krebs crayfish
kreischend screeching
kreuzen to cross
die Kreuzform cross-shape
der Kreuzzug (-züge) Crusade(s)
kriechen (kroch, ist gekrochen) to crawl, creep
der Krieg war
kroch *See* **kriechen.**
der Krug mug, stein
die Kuh (Kühe) cow(s)
kümmern to concern, cause worry
sich kümmern um to take care of, be concerned about
die Kunst art

L

lachen to laugh
lächeln to smile
lächelnd smiling

laden (lud, geladen) to load
der Laden store, shop
lag *See* **liegen.**
das Lager a bed for the night, a place to sleep
lammfromm gentle as a lamb
das Land (Länder) state, province; country
das Landgasthaus country inn, rural restaurant
die Landkarte map
der Landkreis district, county
der Landsknecht mercenary foot soldier
die Landschaft landscape, countryside
langsam slow(ly)
die Langeweile boredom
langweilig boring
die Lanze lance
der Lärm din
lassen (ließ, gelassen) to let, allow
lästig annoying, bothersome
lau mild, tepid
laufen (lief, ist gelaufen) to run
das Lauffeuer wildfire
die Laune mood
  in böser Laune in a bad mood
lauschen (*dat.*) to eavesdrop, listen to;
die Laute lute
leben to live
das Leben life
lebendig alive, living
leblos lifeless
leer empty
leertrinken to drink it empty
legen to put, lay
sich legen to lie down
der Lehm mud
lehnen to lean
die Lehr- und Wanderjahre years of apprenticeship and travel as a journeyman
der Lehrling apprentice
lehren to teach
der Leib body

die Leiche corpse
leicht easy, light
das Leid sorrow, grief
  sein Leid klagen (*dat.*) to pour out one's troubles
leiden (litt, gelitten) an/unter to suffer from/under
leider unfortunately
leise quiet(ly)
das Leitmotiv leitmotif; a common, repeated theme
lernen to learn, study
letzt last
die Leute people; men (*military*)
  meine Leute my men, my soldiers
das Licht light, illumination
der Lichterkranz chandelier
die Liebe love
lieben to love
lieblich sweet, lovely
die/der Liebste dearest, love
das Lied (-er) song(s)
lief (hinunter) *See* **(hinunter)laufen.**
liegen (lag, gelegen) to lie, rest (on); be situated, located
ließ *See* **lassen.**
das Lindenblatt leaf from a linden tree
links left, on the left
die List cunning, craftiness
listig cunning, wily
litt *See* **leiden.**
die Lippe lip
das Loch hole
locken to lure
der Lohn payment, remuneration
los rid of; loose
das Lösegeld ransom
losgehen (ging los, ist losgegangen) to start out , go forth
loslassen to release, let loose
die Lösung solution
loswerden to get rid of
lud ein *See* **einladen.**
die Luft air
lustig merry, cheery

M

die **Macht** power, might
mächtig powerful, mighty
mahnen to admonish
der **Main** Main river
das **Mal** time, occasion
manchmal sometimes
das **Männchen/Männlein** dwarf, little
　man
die **Manneswürde** manly dignity
die **Mannschaft** crew
das **Märchen** fairy tale
markieren to mark
maß *See* **messen.**
das **Massengrab** (**-gräber**) mass
　grave(s)
massenweise in large numbers
der **Matrose** sailor
die **Mauer** wall
die **Maus** (**Mäuse**) mouse (mice)
　mit Mann und Maus with every last
　soul
die **Maut** toll
meiden (**mied, gemieden**) to avoid,
　stay away from
meinen to say, give an opinion, mean
der **Meister** master
der **Meistertrunk** championship
　drinking contest
die **Menge** crowd
mengen to gather, bunch up
der **Mensch** human being, person
　kein Mensch no one, nobody
das **Menschenbild** human likeness
der **Menschenfreund** humanitarian
die **Menschenmenge** mass of
　humanity, huge crowd
menschlich human
merken to notice
messen (**maß, gemessen**) to measure
das **Messer** knife
der **Messingsknauf** brass knob
der **Metzger** butcher
mied *See* **meiden.**
mieten to rent
mitführen to parade, carry along

mitnehmen (**nahm mit,**
　mitgenommen) to take along
mitteleuropäisch central European
die **Mitternacht** midnight
der **Mittagsschlaf** noon nap
mitwiegen to move one's head to
　music
möglich possible
momentan for the moment, at the
　moment
mondhell moonlit
das **Mondlicht** moonlight
morgen früh tomorrow morning
das **Morgenrot** red light of dawn
müde tired
die **Mühe** effort
die **Mühle** mill
der **Mühlstein** millstone
mühsam with great effort
der **Mund** mouth
münden to empty into
mündlich orally, by mouth
murmeln to murmur, babble, mutter
mürrisch sullen
der **Mus** stewed fruit
der **Musikant** musician, troubadour
der **Mut** courage, bravery
mutig gallant, courageous

N

n. Chr. (**nach Christigeburt**) A.D.,
　after Christ
nach after; to; according to
der **Nachbar** neighbor
nachdem after
nachdenklich contemplative(ly),
　pensive(ly), thoughtfully
nachforschen to research, investigate
nachgeben (**gab nach, nachgegeben**)
　to give in, relent
nachkommen (**kam nach,**
　nachgekommen) to keep up with
nachlaufen (**lief nach, ist**
　nachgelaufen) to run after, follow
　(*dat.*)

nachrennen (rannte nach, ist
nachgerannt) to run after, chase
die Nachricht news, message, report
nachrudern (*dat.*) to row towards, row
in the direction of
nachrufen (rief nach, nachgerufen)
to call after, shout at
nachstolpern (*dat.*) to stumble after
die Nacht night
nachts at night
der Nagel (Nägel) nail(s)
die Nähe vicinity
in der Nähe (von) near, close to
nähen to sew
näherkommen to approach
je näher er kam, umso größer... the
closer he came, the bigger...
sich **nähern** to approach
nahm *See* **nehmen.**
namens by the name of
nämlich namely
nannte *See* **nennen.**
die Nase nose
naß wet
das Naturereignis natural occurrence
der Nebel fog
nehmen (nahm, genommen) to take
nimm take (*fam. sing. command*)
nennen (nannte, genannt) to call,
name
neugierig nosy
Nibelungen a tribe of Germanic
peoples
nicken to nod
nie wieder never again
niederbrennen (brannte nieder,
niedergebrannt) to burn down
niederfallen to fall down
niedrig low
niemand nobody, no one
nirgends nowhere
noch still, yet
noch dazu in addition to, on top of
that
noch einmal once again
noch nie never

das Nordland northern Europe,
Scandinavia
nördlich (von) north (of)
die Not plight, distress
notwendig necessary
im Nu in no time at all
nützen to be of use (to someone,
dat.)
nutzlos useless

O

ob whether (or not)
oben above; upstairs
die Oberfläche surface
der Oberschenkel thigh
oberst highest
das Obst fruit
obwohl although
der Ochsenkarren ox cart
der Ofen stove
offen open
öffentlich public
öffnen to open
oft (öfter, am öftesten) often (more
often)
ohnmächtig unconscious
das Ohr ear
das Opfer victim
der Ort town, place
der Ortsname place name

P

packen to grab, seize (*roughly*)
passend suitable
passieren to happen
die Pause break, pause
eine Pause machen to take a
break
die Pest the plague
der Pilgerweg pilgrim's route
das Pfeifchen pipe, flute
die Pfeife pipe, flute
pfeifen (pfiff, gepfiffen) to whistle;
squeal, squeak

das Pferd horse
pfiff *See* **pfeifen.**
pflügen to plow
die Pfote(n) paw(s)
der Pilger pilgrim
die Plage nuisance
(sich) **plagen** to torment, vex, plague; (*refl.*) toil, drudge, slave
platzen to burst, explode
das Plätzchen snug place
plötzlich suddenly
das Plündern plundering
die Pracht splendor
die Pranke(n) claw(s)
Probieren geht über studieren! The proof is in the pudding!
prosten to toast
prustend und hustend snorting and coughing

Q

quälen to torment, torture

R

der Rabe raven
die Rache revenge
sich **rächen** to get one's revenge
der Rand edge
die Rast rest
　zur Rast for a rest, to rest
rasten to rest
der Rat advice, council
das Rathaus town hall, city hall
der Rathausplatz town hall square
der Ratsherr town councilman
die Ratte rat
der Rattenfänger rat-catcher (*literal*), pied piper
der Raum space, room
　im deutschen/deutschsprachigen Raum in the German-speaking region
das Rauschen rustling
recht legitimate, proper

jemandem recht sein to be OK with someone
recht geben to agree (that someone is right)
recht haben to be right
rechtmäßig rightfully
reden to talk, speak
das Referat report, review, paper
das Regal shelf
der Regisseur film director
das Reh deer, doe
reiben (rieb, gerieben) to rub
　sich die Hände reiben to rub one's hands together
reich rich, wealthy
das Reich realm, empire
der Reichtum (-tümer) wealth
reimen to rhyme, write lyrics
der Reiseführer travel guide
reißend rapacious, ferocious
rennen (rannte, ist gerannt) to run
retten to save, rescue
(sich) **retten** to save oneself
die Rettung rescue
der Rhein Rhine River
das Rheintal Rhine valley
richten auf to aim at
der Richter judge
richtig (*adj.*) proper, correct
rief *See* **rufen.**
der Riemen belt, strap
der Riese giant
das Riesengebirge mountain range in Silesia
riesig gigantic, huge
das Riff reef, sandbank
der Ritter knight
der Ritteranzug suit of armor
der Rock suitcoat, jacket
die Rübe turnip
der Rücken back
die Rückkehr return
rudern to row
der Ruf call
rufen (rief, gerufen) to call, shout, cry out
die Ruhe peace, rest, quiet

ruhen to rest, find peace
ruhig quiet, peaceful
rülpsen to burp, belch
die Runde circle (of people)
runzeln to wrinkle (forehead, nose)
rußig sooty, soot-covered

S

der Saal large room, hall
die Sache thing
sächsisch Saxon, of the region of
Saxony
der Sack (Säcke) sack (sacks), bag
(bags)
saftlos dried out, juiceless
saftig lush, juicy
die Sage legend
sagenhaft legendary
sah *See* **sehen.**
der Salzherr salt baron, salt merchant
(sich) sammeln to gather, assemble
samt along with, including
saß *See* **sitzen.**
der Satz sentence
der Schädel head
der Schaden damage, injury
der Schaf sheep
schaffen (schuf, geschaffen) to create,
be able to, accomplish
der Schafhirt shepherd
das Schalentier crustacean
schallen to sound
die Schar group
der Schatz treasure; sweetheart
schauen too look (at)
schäumend foaming
der Schauplatz (-plätze) place,
location (where an action
occurred)
die Scheune barn
scheinen (schien, geschienen) to
seem; shine
schenken to give
schicken to send
das Schicksal fate

schicksalshaft fateful(ly)
schieben (schob, geschoben) to push
das Schienbein shin
schießen (schoß, geschossen) to
shoot; spurt
das Schiff ship
der Schiffer sailor, boatman
die Schifffahrt shipping traffic
der Schild shield
das Schilf reed(s)
schimpfen to scold, grumble
schinden to oppress
schlafen (schlief, geschlafen) to sleep
schlagen (schlug, geschlagen) to
strike, hit, slam; cut (stone);
defeat
der Schlamm mud
der Schlangenfänger snake-catcher
schlank slender, slim
der Schlappschwanz (-schwänze)
wimp, loser
schlau clever, smart, sly
der Schlaukopf smart person, smartie
schleichen (schlich, geschlichen)
to sneak, creep
schleppen (hinunterschleppen)
to drag (down), tow
schlesisch Silesian (of or pertaining to
Silesia)
schlich *See* **schleichen.**
schlief *See* **schlafen.**
schließen (schloß, geschlossen) to
shut, lock
schließlich at last, finally, in the end
schließlich und endlich when all is
said and done
schlimm bad
das Schloß palace, castle
die Schlucht gorge
schluchzend sobbing
der Schluck swallow, gulp
schlucken to swallow
schlummern to doze
schmeicheln to flatter
**schmelzen (schmolz, ist
geschmolzen)** to melt

der Schmied blacksmith
die Schmiede smithy, forge
der Schmiedegeselle apprentice
blacksmith
der Schnabel beak
der Schnee snow
der Schneider tailor
schnell fast, quick
die Scholle ice floe
die Schönheit beauty
der Schöpfer creator
die Schöpfungsgeschichte story of
creation
schoß *See* **schießen.**
der Schrecken terror, scare
das Schreckgespenst terrible vision
schrecklich terrible, dreadful
der Schrei scream, shriek
schreien (schrie, geschrien) to shout,
scream, yell
schreiben (schrieb, geschrieben) to
write
schreiten (schritt, geschritten) to step
schriftlich written, in writing
der Schritt step
schrumpfend shriveling
schüchtern shy
der Schüler pupil
die Schulter shoulder
das Schulterblatt (-blätter) shoulder
blade(s)
die Schuppe scale (*dragon, snake, etc.*)
die Schüssel bowl, basin
schütteln to shake
schützen gegen/vor (*dat.*) to protect
against/from
der Schwanzschlag swipe of the tail
schweigen to be silent, to say
nothing
schwer heavy, serious; difficult
das Schwert sword
der Schwiegersohn son-in-law
**schwimmen (schwamm, ist
geschwommen)** to swim
schwingen (schwang, geschwungen)
to swing

schwitzend sweating
schwören (schwor, geschworen) to
swear, take an oath
schwungvoll with verve
das Sechstel one-sixth
die Seele soul
sehen ([sieht] sah, gesehen) to see
die Sehenswürdigkeiten (*pl.*) tourist
attractions, sights
die Sehnsucht longing, yearning
sehnsüchtig longingly, wistfully
sei (subjunctive form of *sein*) was
die Seite side
selbst oneself, himself, herself
von selbst by itself, on its own
senken to lower
die Sennerin milkmaid, female
herder
setzen to set, put
sich **setzen** to sit down
die Seuche epidemic
seufzen to sigh
sicher certain, safe
die Sicherheit safety, security
der Sieg victory
siehe da! lo and behold!
der Sinn sense, mind
in den Sinn wieder kommen to
remember, come to one's mind
again
das Sinnbild symbol
sitzen (saß, gesessen) to sit
sobald as soon as
sofort immediately
sogar even
sogenannt so-called
der Soldat soldier
die Sommerwiese summer meadow
sondern but rather
die Sonne sun
sowas (soetwas) such a thing
sowieso anyway
spannen to stretch, draw (*bow*);
harness (*horses*)
der Spaziergang walk, stroll
sich **sperren** to lock oneself (in)

sich **spiegeln** to reflect, mirror
das **Spiel** game, play
  zum **Spiel** for play, pretending
spielen to play
die **Spielleute** (*pl.*) musicians
der **Spieß** pike, spit (roasting)
der **Spion** spy
spotten to scorn
spöttisch scornful(ly)
die **Sprache** language
sprang *See* **springen.**
sprechen (**sprach, gesprochen**) to
  speak
springen (**sprang,** ist **gesprungen**) to
  jump
der **Spruch** saying
der **Sprung** jump, leap
die **Spur** trace
spüren to feel
spurlos without a trace
die **Stadt** city, town
der **Stadtrat** city council; council
  member
der **Stadtteil** city district, quarter
das **Stadttor** city gate
stammen aus to stem from, come
  from
der **Stand** (social) class, profession
ständig constant, on-going
starb *See* **sterben.**
stark strong
der **Stärkere** the stronger (one)
starren to stare
statt instead of
stattfinden (**fand statt, stattgefunden**)
  to take place, occur
der **Staub** dust
  sich eiligst aus dem Staub machen
    to beat a hasty retreat
staunen to be amazed
stehen (**stand, gestanden**) to stand; to
  be written, printed (on)
steigen (**stieg,** ist **gestiegen**) to climb
steil steep
der **Stein** stone, rock
der **Steinbruch** stone quarry

steinern made of stone
die **Stelle** place, location
(sich) **stellen** to position (oneself)
sterben (**starb,** ist **gestorben**) to die
der **Stern** star
der **Steuermann** helmsman
stieg (**hinauf**) *See* (**hinauf**)**steigen.**
stieß *See* **stoßen.**
die **Stille** silence, quiet
die **Stimme** voice
stimmen to be correct
die **Stimmung** mood
die **Stirn** forehead
stolpern to stumble
  stolpernd stumbling
stolz proud(ly)
stopfen to stuff
der **Stoß** push
stoßen (**stieß, gestoßen**) to push
stottern to stutter
die **Strandung** shipwreck, running
  aground
die **Straße** street
der **Straßenrand** edge of the road
die **Strecke** section
der **Streich** prank
der **Streit** conflict, argument
sich **streiten** (**stritt, gestritten**) to fight
  about, argue over
sich **streiten über** to argue about
streng strict
streuen to scatter, strew
der **Strom** stream, current, river
die **Stromschnellen** (*pl.*) rapids
der **Strudel** eddy
die **Stube** parlor
das **Stück** piece
die **Stufe** step (*stairs*)
der **Stuhl** chair
stumm silent
der **Stummfilm** silent movie
die **Stunde** hour
stundenlang for hours
die **Sturheit** stubbornness,
  pigheadedness
stürzen (**von**) to fall (from)

die **Suche** search
suchen to seek
der **Süd(en)** the south
   nach Süden southward
südtirolisch South Tyrolian
der **Südwester** southwester (sailor's
   waterproof coat or hat)

T

der **Tag** day
   eines Tages one day
der **Takt** rhythm
das **Tal** (**Täler**) valley
der **Tanz** dance
   zum Tanz(e) for a dance
tanzen to dance
tapfer brave
die **Tasche** pocket
tat *See* **tun.**
die **Tat** deed, achievement
tatsächlich really, actually
taub deaf
tauen to thaw
die **Taufe** christening, baptism
der **Taufname** baptismal name, first
   name
taugen
   nichts taugen to be worthless
das **Tauwetter** "thaw weather," time of
   the spring thaw
der **Teich** pool, pond
teilen to share
   sich **teilen** to lift (*fog*), part, break
   up
der **Teufel** devil
die **Teufelssage** legend about the
   devil
teuflisch diabolical
tief deep
die **Tiefe(n)** depth(s)
das **Tier** animal
der **Tisch** table
die **Tochter** daughter
der **Tod** death
der **Todesschrei** death cry

der **Ton** (potter's) clay
das **Tor** gate
tosen to roar, rage
tot dead
   tot oder lebendig dead or alive
töten to kill
der **Tote** (**Toten**) dead man, the dead
totengleich seemingly dead
totschlagen (**schlug tot,**
   totgeschlagen) to murder
traf *See* **treffen.**
tragen (**trug, getragen**) to carry; wear
die **Tränen** (*pl.*) tears
trank *See* **trinken.**
trauen to trust (*dat.*)
   ihren Ohren nicht trauen not to
   believe their own ears
der **Traum** dream
träumen to dream
traurig sad
treffen (**traf, getroffen**) to meet; hit
   (*target*)
treiben (**trieb, getrieben**) to push,
   drive; herd; drift
die **Treppe** stairway, stairs
treten (**trat**, ist **getreten**) to step,
   walk
treu faithful, loyal
die **Trickfigur** animated cartoon
   character
trieb *See* **treiben.**
trinken (**trank, getrunken**) to drink
trinkfest able to hold one's liquor
trocken dry
trommeln (**an,** *dat.*) to tap (on), to
   beat (a drum)
der **Trompetenspieler** trumpet player
der **Tropfen** drop
trösten to console, comfort
trotzdem nevertheless, anyway
trüb dreary
die **Truhe** chest
der **Trunk** drink
die **Truppen** troops
tüchtig (*adv.*) thoroughly
tun (**tat, getan**) to do

die Tür door
der Türke (Türken) Turk(s)
der Turm tower

U

überall everywhere, all over
überbringen to deliver, convey
überfallen (überfiel, überfallen) to
   invade, fall upon
überfluten to flood
die Überheblichkeit arrogance
überleben to survive
(sich) überlegen to consider, think
   over
überliefern to hand down, pass on
überlisten to outwit
übermenschlich superhuman
übernatürlich supernatural
der Übermut high spirits
übermütig high-spirited
überqueren to cross
überprüfen to examine (charges),
   investigate
überrascht surprised
(sich) überreden to convince (oneself)
die Überzahl superior forces,
   numbers
überzeugen to convince
üblich usual
übriggeblieben left over, remaining
das Ufer riverbank, shore
um... zu in order to
umbinden (band um, umgebunden)
   to strap, belt
sich umdrehen to turn around
umfallen (fiel um, umgefallen) to fall
   down
umgeben (umgab, umgeben) to
   surround, circle
   umgeben von surrounded by
die Umgebung environs, surroundings
umgehen (ging um, ist umgegangen)
   to circulate
umgekehrt reversed, the other way
   around

umhängen to hang (around the neck)
die Umkreisung circling
umschnüren to strap on, put on (*belt*)
umsorgen to care for lovingly
unbedingt absolutely, in any case
unbeirrt unperturbed
unbeschwert carefree, happily
unerkannt unrecognized, unidentified
unerklärlich inexplicable
unermüdlich untiringly, unflaggingly
unerträglich unbearable
unerwartet unexpected
der Unfall (Unfälle) accident(s)
ungeduldig impatient(ly)
das Ungeheuer monster, creature
ungehörig improper, outrageous
die Ungehorsamkeit disobedience
ungern unwillingly
das Unglück misfortune
unheimlich weird, mysterious
unklar unclear, uncertain
unmöglich impossible
umschnallen to buckle, strap on
unruhig restless
unselig wretched
unsichtbar invisible
untergehen (ging unter, ist
   untergegangen) to set, sink
unter among; under
sich unterhalten amuse oneself
unterirdisch underground
der Untertan subject (*of king, emperor,
   etc.*)
unterwegs under way, on the road
unverschämt impudent, shameless
unverwundbar invulnerable,
   invincible
unweit (von) not far (from)
das Unwesen
   sein Unwesen treiben to haunt,
   hang around
unzählig countless, innumerable
uralt ancient
der Ursprung origin
ursprünglich originally
der Urwald virgin forest

V

väterlich paternal; of or pertaining to
one's father
verängstigt frightened
verbessern to improve
die Verbindung connection, link
verbissen dogged, unrelenting
verborgen hidden
sich **verbreiten** to spread
das Verbrechen crime
verbrennen (verbrannte, verbrannt)
to burn (up)
verbringen (verbrachte, verbracht) to
spend (*time*)
verbunden connected, linked
verdächtigen to suspect
verdienen to earn
verdient earned, deserved
verdutzt bewildered
verehren to worship
verfallen (verfiel, verfallen, *dat.*) to
become a slave of, succumb to
verfehlen to miss
verflucht cursed
verfolgen to pursue
der Verfolger persecutor
die Verfolgung persecution
vergaß *See* **vergessen.**
vergeblich in vain, without success
vergehen (verging, ist vergangen) to
pass (*time*)
vergessen (vergaß, vergessen) to
forget
vergraben buried
vergrößern to enlarge, increase in size
verheiratet married
verhindern to prevent
verhungern to starve
sich **verirren** to lose one's way
verkaufen to sell
verkleidet disguised
verkörpern to embody
die Verkündigung announcement
verlangen to demand
verlassen (verließ, verlassen) to leave,
abandon

das Verlassen leaving
verläßlich reliable
verlegen embarrassed, ill at ease
verletzen to injure
verletzt injured
die Verleumdung defamatory
statement, slander
verliebt in love
verlieren (verlor, verloren) to lose
das Verlies dungeon, prison cell
verließ *See* **verlassen.**
verlobt engaged (*to marry*)
der/die Verlobte fiancé/fiancée,
betrothed
verlockend enticing, seductive
der Verlust loss
vermuten to suppose, guess
vermutlich supposedly
verneinend negatively
die Vernunft reason, judgment
verröcheln to draw one's last
breath
verrückt crazy, mad
sich **versammeln** to gather, assemble
verschlingen (verschlang,
verschlungen) to devour
mit Haut und Haar verschlingen to
devour completely
verschonen to spare, save (*from harm*)
verschont bleiben to be spared,
saved (from harm)
verschwinden (verschwand, ist
verschwunden) to disappear
versinken (versank, versunken) to
sink
versprechen (versprach, versprochen)
to promise
das Versprechen promise
ein Versprechen halten to keep a
promise
versteckt hidden
verstehen (verstand, verstanden) to
understand
verstohlen furtively
verstopfen to stuff, plug
versuchen to try, attempt

der Verteidigungsversuch attempt to defend
verteilen to share (among)
vertont set to music
vertreiben to drive away/out, expel
vertrösten auf to put off till, get hopes up with
verursacht durch caused by
sich **verwandeln** to change oneself into
verweigern to refuse (to do)
verwirrt confused
die Verwirrung confusion
verwundbar vulnerable
verwundert amazed
verzaubert bewitched, enchanted
verzweifelt despairing, desperate
vielleicht maybe, perhaps
das Viertel one quarter, one fourth
der Vogel (Vögel) bird(s)
das Volk the people
das Volksbuch chapbook; a book or pamphlet of popular tales sold during the late Middle Ages
die Volkssage folk legend, folk tale
vor ago, in front of, before
  vor tausend Jahren a thousand years ago
vorbei past
vorbeifahren (fuhr vorbei, ist vorbeigefahren) to pass by
  vorbeifahrend passing
vorbeikommen (kam vorbei, ist vorbeigekommen) to come by
sich **vorbereiten auf** to prepare oneself for
vorchristlich pre-Christian, pagan
der Vorschlag suggestion
vorsichtig careful, cautious
die Vorstadt suburb
vortreten (trat vor, vorgetreten) to step forward
die Vorzeit antiquity, ancient times
  seit grauer Vorzeit from time immemorial

W

wach awake
die Wache police
wachsen (wuchs, gewachsen) to grow
  wachsend growing, expanding
die Waffe weapon
wagen to dare, risk, venture
wahr true
die Wahrheit truth
wahrscheinlich probably
der Waisenknabe orphan boy
der Waldesrand edge of the forest
wand *See* **winden.**
die Wand wall
die Wange(n) cheek(s)
das Wappen coat of arms
wäre(n) (if) he/she/they were; would be (*subj.*)
  wäre… gewesen had been
warten (auf) to wait (for)
was für what kind of
das Wasserbecken pool, water basin
der Wasserfall waterfall
die Wassernixe water sprite
waten to wade
weder… noch neither… nor
weg gone
der Weg path, road
weggehen (ging weg, ist weggegangen) to go away
wegen (*gen.*) because of
wegnehmen (nahm weg, weggenommen) to take away
wegräumen clear away, clean up
wegspringen (sprang weg, ist weggesprungen) to jump away
das Weh pain, woe
weh tun to hurt
das Weib (*coll.*) woman
das Weiblein little woman, gnome's wife
weich soft
weiden to graze
das Weihwasser holy water
weil because

die **Weile** while
 nach einer **Weile** after a while
der **Wein** wine
weise wise
weit far
weitergeben to pass down, transmit
weiterziehen (**zog weiter**, ist
 weitergezogen) to move on,
 advance
die **Welle** wave
die **Welt** world
sich **wenden** (**wandte, gewandt**) to
 turn
weniger less
werden (**wurde**, ist **geworden**) to
 become
werfen (**warf, geworfen**) to throw, toss
das **Werk** work
 am **Werk** at work
die **Werkstatt** workshop
das **Wesen** creature, being
wesentlich important, substantial
die **Weser** the Weser river
weshalb which is/was why
die **Wette** bet
das **Wetter** weather
der **Wettstreit** contest
wichtig important
wickeln to wrap in
die **Widerrede** contradiction, back talk
widerwillig unwillingly, reluctantly
wiederbeleben to revive, wake up
 (from unconsciousness)
wiederholen to repeat
wiegen *See* **mitwiegen.**
die **Wiese** meadow, pasture
die **Willkür** arbitrariness
winden (**wand, gewunden**) to twist,
 reel
der **Windstoß** strong gust
winzig tiny
der **Wirbel** eddy, whirlpool
wirklich really, actually
 und **wirklich**... and lo and behold...
die **Wirklichkeit** reality
der **Wirt** innkeeper, bartender

das **Wirtshaus** bar, pub
wischen to wipe
wissen ([**weiß**] **wußte, gewußt**) to
 know (a fact)
das **Wissen** knowledge
woanders elsewhere
wöchentlich weekly
das **Wohl** well-being, welfare
 auf Ihr **Wohl!** to your health!
wohl indeed, for certain
wohnen to live, reside
das **Wort(e)** word(s)
 das **Wort halten** to keep one's
 word
 kein **Wort verlieren** to say
 nothing
wuchs *See* **wachsen.**
die **Wunde** wound
wunderlich strange, peculiar
wundersam wondrous
der **Wunsch** wish, desire
sich **wünschen** to wish for
wurde *See* **werden.**
würde (form of **werden**) would
die **Wurst** (**Würste**) sausage(s)
die **Wurzel** root
würzig aromatic, spicy
wußte *See* **wissen.**
das **Wutgebrüll** angry roar
wütend savage, furious

Z

z.B. (**zum Beispiel**) for example
die **Zahl** count, number
zählen to count
der **Zauber** magic, charm, spell
die **Zauberformel** magic spell
das **Zaubermittel** magic spell
der **Zauberstab** magic wand
der **Zeh** toe
zeigen (**auf**) to show; point (to)
die **Zeit** time
der **Zeitgenosse** contemporary
zerbrechen (**zerbrach, zerbrochen**) to
 shatter, break apart

zerreißen (zerriß, zerrissen) to tear apart
zerschlagen to smash
zerstampfen to trample, crush
zerstören to destroy
die Zerstörung destruction
sich **zerstreuen** to disperse
das Zeug things, stuff
die Ziege goat, nanny goat
der Ziegenbock (-böcke) billy goat(s)
ziehen (zog, (ist) gezogen) to pull, draw (sword); march
das Ziel goal, destination
ziemlich somewhat
das Zimmer room
der Zimmermann (Zimmerleute) carpenter(s)
zischen to hiss
zog (heraus/weiter) *See* **(heraus/weiter)ziehen.**
zögern to hesitate
der Zorn fury, wrath
zornig furious, angry
zubinden (band zu, zugebunden) to blindfold, bind
zudringlich forward, intrusive
zufällig by chance, accidentally
zufliegen auf to fly towards, sail towards
zufrieden contented
der Zug (Züge) gulp, swig
auf einen Zug in one gulp/swig
zugedeckt covered
zugehen (ging zu, ist zugegangen) to happen
nicht mit rechten Dingen zuging something wasn't right, something was fishy
das Zuhause home
zuhören to listen
der Zuhörer listener
zukommen auf to happen to; to approach (*acc.*)
die Zukunft future

zuhalten (hielt zu, zugehalten) to hold shut
sich die Ohren zuhalten to cover one's ears
zupfen to tug (at)
zurufen (rief zu, zugerufen) to call out to
zurückgehen (auf, *dat.***)** to go back (to)
sich **zurückhalten (hielt zurück, zurückgehalten)** to keep to oneself, stay aloof, be reserved
zurückkehren to go back
zurückkommen to come back
zurückrufen (rief zurück, zurückgerufen) to call back
zurückschrecken vor (*dat.***)** to shrink away from
zurückstürmen to counterattack
zurücktreiben (trieb zurück, zurückgetrieben) to drive back
zusammen together
zusammenfallen to collapse, crumble
zusammenkommen (kam zusammen, ist zusammengekommen) to gather, meet
zusammenrufen to call together
zusammensitzen (saß zusammen, ist zusammengesessen) to sit together
zuschauen to watch
zuschlagen (schlug zu, zugeschlagen) to slam shut
zusehen to watch, look on
zuvor before
wie nie zuvor as never before
zuwerfen (warf zu, zugeworfen) to toss to
zuzwinkern to wink at
zwar indeed, to be sure
der Zweig twig
zweithöchst second highest
der Zwerg dwarf
zwinkern to wink (at)
zwischen between